KB088656

상담해
드립니다

당신의 무너져 가는
자존감

상담해
드립니다

다온북스
DAON BOOKS

일러두기

1. 영어 및 역주, 기타 병기는 본문 안에 작은 글씨로 처리했습니다.
2. 외래어 단어는 국립국어원의 표기법을 따랐습니다. 단 일부 굳어진 단어는 일반적으로 사용하는 발음으로 표기했습니다.
3. 저자의 친근한 표현법을 전달하기 위해 일부 단어는 그대로 표기했습니다.

내 삶의 군더더기를 덜어내고 가야겠다.
멈추지 않고 걸어야 한다.
걷고 있을 때만이 내 삶의 무게를 잊는다.
남은 인생 후반은 깃털처럼 가볍게 살고 싶다.

-허순향

상담실 문턱을 넘으면
상담사가 약이 되어 드립니다.

"저 요즘 우울한데 상담받으면 좋아질까요?"
"선생님 저 상담 받고 싶어요!"

이렇게 묻고는 오지 않는다. 여전히 상담실 문턱은 높고 낯설기 때문이다. 누군가에게 자신의 어려움을 말하는 것은 불안하고 두렵다. 그래서 용기가 필요하다. 마음은 부끄러움을 많이 타기 때문이다. "상대방이 내 마음을 알아주지 못하면 어쩌지, 내가 한 말이 이상하게 들리면 어쩌지." 하는 생각이 든다. 자신에게는 심각하고 죽을 정도로 힘든 일이지만 다른 이가 대수롭지 않게 느낄까 두렵다. 그래서 상담실 문턱만 넘어도 문제의 반은 해결된다. 한발 떼기가 어렵고 문 열기가 힘겨울 수 있다. 나도 그랬다. 세상의 시선이 두렵고 내 문제를 인정하느니 차라리 죽는 게 나을 것 같던 시절이 있었다.

이 책은 자기감정을 마음속 감옥에 가두고 먹구름 낀 모습으로 살아가고 있을 당신에게 문턱을 넘어오라고 손짓하고 있다. 상담사의 따스한 손을 잡고 밝은 세상으로 나오라고, 한 발만 떼도 살만하다고 알려주고 싶다.

"선생님, 용기 얻고 갑니다. 잘 지내고 다음 주에 올게요."

"여전히 약은 먹지만 살만해요. 여자친구도 생기고, 친구 만나서 술도 마셔요."

"엄마가 저를 미워하는 줄 알았는데 선생님 말씀 들으니 아니었더라고요."

내담자마다 다른 문제를 가지고 오면 어떤 치료를 할까 고민한다. "어떤 약을 써야 치료가 될까?" 하는 약사의 심정이다. 그러나 상담자는 약을 가지고 있지 않다. 상담 관계가 약이 되는 거다. 상담자와 라포^{Rapport}를 형성하고, 자신을 만나는 거다. 보고 싶지 않은 자기 모습을 보는 것이 치유의 시작이다. 그 길에 상담자의 인생 경험이 묻어가는 거다. 고난의 경험이 많은 상담자는 공감의 깊이가 깊다. 고통이 약이 되는 경험이 상담이다.

이 책은 나의 성장기이다. 자신을 이해하고, 자신을 수용하며, 자신을 개방하는 용기를 통해서만 우리는 성장할 수 있는데 나는 나를 드러내는 것이 두렵다. 그 두려움을 버티며 써 보았다. 그래서 이 책에는 나의 아픈 역사가 담겨있다. 긴 어둠의 터널 그리고 고난의 강을 건너 사람의 마음을 따스하게 어루만지는 상담사로 성장했다.

지난 20년간 상담을 하며 만났던 이들과 가슴 아파 같이 울기도 했고, 안타까운 마음에 잠을 설치기도 했던 상담 이야기가 담겨있다. 그 긴 시간을 모두 저마다의 내가 성장해 온 여행으로 주제를 나눴다.

Part 1은 상담자가 내담자가 되어 자신을 돌아보는 '나를 찾아가는 여행'에 관해 담았다. 내 삶에서 힘들었던 이야기 억울했던 일들을 돌아보았다. 마음의 짐을 덜어내니 한결 가볍다.

Part 2는 내담자와 울고 웃었던 '내담자와 함께하는 여행'이다. 힘들어서 죽어야 끝날 것 같다던 자신의 이야기를 털어놓으며 가벼워지는 내담자들, 내가 못했던 일들을 해내며 성장하는 내담자를 보면 대견하다. 각자의 방식으로 해결하는 모습을 보고 있노라면 어디서 저런 힘이 나올까 할 정도로 놀랄 때가 많다. 성장하는 내담자를 보면 상담하길 잘했다는 생각이 드니 행복하다.

Part 3은 소방관, 경찰관, 군인, 교도소 재소자, 보호관찰소 등 특수 관계자들을 보고 겪었던 '긴급하고 아찔했던 여행'이다. 여러 기관에서 만난 대상자들의 이야기를 담았다. 마지막으로 Part 4는 '상담자의 눈으로 본 세상 이야기'다. 상담자가 되고 일상의 일들에서 느껴졌던 소소한 이야기를 담았다.

나의 이야기가 자신을 만나고 싶은 간절한 당신에게 조금이나마 도움이 되길 바란다. 그리고 당신도 문턱을 넘어 상담사의 손을 잡아 보라고 권하고 싶다.

2023년 크리스마스를 앞두고

허순향

목차

PART 1
상담사도 상담받는 한 사람입니다

PART 2
상담할 때가 가장 행복합니다

PART 3
긴급심리지원 나갑니다

PART 4
나는 상담사다

PART 1

상담사도 상담받는 한 사람입니다

셋째 딸의 세 가지 상처

나는 셋째 딸로 태어나 빗자루로 맞으며 성장했고, 암 수술과 더불어 이혼까지 했다.

"형제가 어떻게 되세요?"

"딸. 딸. 딸. 딸 경운기가 지나가다가 아들이요."

"아들 낳으려고 딸을 넷이나 낳으셨구먼."

엄마는 "딸만 있으면 자식이 없는 거나 마찬가지야"라는 말을 달고 사셨다. 그러니 남자로 태어난 막내는 귀여움을 독차지했다. 나는 선도 안 보고 데려간다는 셋째 딸로 태어났다. 하지만 위로 언니 둘, 아래로 동생 둘 사이에 끼어 이쁨을 못 받았다. 큰언니는 맏딸이라, 막내는 금쪽같은 아들이라 모든 관심과 사랑이 두 사람에게 기울어 있었다. 존재감 없는 셋째. 나는 속상할 때면 애꿎은 문에 화풀이했다. 쾅하고 문을 닫으면 "저 성질 빼기"라는 말이 날아왔다. 나도 아들로 태어나서 대접받으며 살고 싶다고 소리치고 싶었다.

엄마에게 칭찬받고 싶어 집 청소를 도맡아 하고 저녁밥을 짓고 마당도 쓸었다. 일하고 돌아온 엄마에게 "잘했네, 우리 딸" 그 한마디를 들으려고 열심이었고, 결혼해서도 친정 일을 거들었다. 친정은 차로 오 분 거리였고, 엄마는 홀로 사셨다. 언니와 동생은 서울과 미국에 살아서 내가 해야 할 일이었다. 언젠가 내가 담근 열무김치가 참 맛있다는 말에 신이 나서 음식을 해 날랐다. 막내 남동생이 결혼하여 올케를 얻고 나서야 친정 일을 졸업했다.

한번은 이젠 몸이 아파서 못하겠다고 했더니 "누가 아픈데 하라고 했니. 네가 좋아서 한 것 아니니?"라는 엄마의 말에 순간 머리가 띵했다. 돌이켜보면 내 마음 편하려고 열심히 해댔던 거다. 하지만 억울해서 울었고, 몰라주어 섭섭했다. 그동안 애쓰고 살았던 세월이 한순간에 무너져 내리며 허무하게 느껴졌다. 그 이후로 엄마가 부르시면 못 이기는 척하고 갔다. 어쩌겠는가.

큰언니는 이화여대를 중퇴했다. 고등학교 2학년 여름, 서울 언니네 집에 갔을 때 신촌에 가자고 했다. 촌스러운 시골뜨기가 서울에 가니 모든 게 신기했다. 언니가 다녔던 이화여대에 갔다. 학교를 둘러보니 대학에 가고 싶다는 마음이 들었다.

당시 내 성적은 반에서 중간을 넘는 정도여서 대학에 가고 싶다는 생각은 지금 생각해 보면 말도 안 되는 이야기였다. 하지만 내가 이화여대에 합격하면 등록금을 대준다는 언니의 말에 그때부터 공부에 불을 붙었다.

야간 자습을 하고 엉덩이를 의자에서 떼지 않고 졸고 졸며 공부했다. 이런 일을 벌이고 있는 걸 엄마가 아셨으면 말리셨을 거다. 엄마는 내가 뭔가를 하면 옥니 배기에 곱슬머리라 고집이 세다고 혀를 차셨다. 일 년 반, 늦게 시작한 공부는 겨우 턱걸이로 4년제 대학에 갈 실력밖에 안 되었다. 이화여대 원서는 쓸 수도 없었고, 써도 꿈도 못 꾸는 학교였다. 전기에 원하던 과에 떨어지고 후기에 지방 4년제에 합격했다. 막상 합격하니 신촌의 낭만이 떠올랐다. 대학생이 되어 책을 팔에 끼고 다닐 생각에 들떴다. 미팅도 하고 축제에도 가고 싶었다.

엄마에게 "축하한다. 우리 딸. 잘했네" 소리는 기대도 안 했지만, 빗자루를 날리실 줄은 몰랐다. 계집애가 대학은 무슨 대학이냐며 먼지도 쓰레기도 아닌데 나를 쓸어버리실 기세였다. 나는 대문 밖까지 쫓겨났다가 어스름한 저녁이 되어서야 집에 돌아왔다. 부엌으로 마당으로 엄마를 따라다니며 입학금만 대주면 아르바이트해서 다니겠다고 졸랐다. 문 쾅 닫는 버릇도 고치겠다고 했다.

보다 못한 엄마는 큰언니에게 가보라고 했고 부잣집으로 시집간 언니가 등록금을 댔다. 언니는 종로에서 사업을 했다. 일하랴 집안일 하랴 애쓰는 언니가 안쓰럽고 고마워 방학 때 조카를 보는 것은 내 몫이었다. 대학교 성적은 겨우 중간을 넘겼다. 그래도 평산 장학회 장학금을 4년 내내 받았다. 그 후 학원 원장도 하고 강의도 했다. 허씨 집안 오 남매 중에 4년제 대학을 나온 건 나 하나였다.

스물여섯에 동갑내기 친구와 결혼했다. 장손 맏며느리로 시부모님을 모시고 시누이 둘과 살았다. 낮에는 학원에서 애들 가르치고 아침저녁으로 살림하고 아이 돌보느라 정신없이 시간이 갔다. 시부모님 생신에 제사는 어찌 그리 자주 돌아오는지 고단한 날들의 연속이었다. 어려운 건 시댁의 풍습이었다. 시어머니는 "생일 같은 거 안 할란다. 너도 일하고 있어 힘들잖니" 하셨다. 역시 어머님은 일하는 며느리의 어려움을 알아주신다며 감동했다. 하지만 생신 일주일 남길 즈음 시어머니는 내게 이렇게 말씀하셨다.

"난 안 하고 싶은데 친구들이 내 생일이라고 집으로 온다는구나. 서울서 고모들도 오는데 어떡하니 에미야!"

그때 '충청도 어법에 내가 속았구나!' 하는 어리석음에 가슴에 천불이 났다. 몇 번 당하고 나면 "네"하고 생신은 모두 모여 하는 걸로 마음을 먹었다. 난 배움이 빨랐다. 눈치 빠른 셋째 딸 아니던가.

"에미야, 이번 김장은 200포기만 하자.", "사람을 부려도 할 줄 알아야 하니 주말에 간장 담그자, 사 먹는 건 뭐가 들었는지 모르니 음식 맛을 내려면 맹글어야 한다."

전업주부이신 시어머니는 주말을 기다렸다. 열무 다섯 단, 얼갈이 세 단을 청과시장에서 새벽에 사 오면 주말 아침부터 김치를 담가야 했다. 음식 솜씨 좋으신 시어머니는 어린 며느리에게 뭐라도 가르쳐주고 싶으셨던 건데, 스물일곱 새댁은 잠이 고팠다.

시집살이에 몸이 피곤해도 '아니요' 소리를 못 했다. 시어머니는 "너를 주방에 세워놓으면 하나도 걱정이 안 된다"라고 하셨다. 건장한 키 170센티에 일 잘하는 며느리. 장남과 결혼한 맏며느리니 당연히 해야 하는 일인 줄만 알았다. 일은 해버리면 되는 거였다. 그땐 일이라는 게 무섭지 않았다.

하지만 아들이 다섯 살 때부터 몸 여기저기가 아파서 병원에 들락거렸다. 어느 날은 머리를 감다가 허리를 삐끗하여 병원에 실려 가기도 하고, 감기를 달고 살았다. 정신없이 바쁘게 사는 모습을 보며 친정엄마는 속상해하셨다. 엄마 품에서 쉬고 싶었지만 내가 한 아이의 엄마가 된 만큼 엄마의 허리도 굽었기에 쉽게 안길 수 없었다. 그래서 엄마의 병원도 내 병원도 모두 내가 알아서 해결해야 했다.

여느 때와 마찬가지로 감기로 내과에 갔더니 목에 혹이 크니 정밀검사를 받으라고 했다. 갑상샘암이었다. 당시는 갑상샘암이 알려지지 않은 시절이었다. 그냥 피곤하고 짜증 나고 힘든 병 정도였다. 삼십 대 초반에 수술하고도 쌩쌩거리며 살았다. 여전히 남들이 보기에 얼굴은 멀쩡했고, 부잣집 맏며느리였다. 친정 식구 중에서 병원에 입원하여 수술한 것도 내가 처음이었다.

시아버지는 여동생이 다섯이고, 시어머니는 남편 위로 딸 둘을 낳았다. 이쯤 되면 짐작 갈 거다. 시댁에서 계집애라면 사람이 아니었다. 고모 다섯에 누나 둘. 시어머니는 남편을 낳으러 가며 극약을 준비했다. "이번에도 아들을 못 낳으면 첩을 두겠다. 쓸모없는 계집애는 필요 없다"라는 말에 결심한 거다. 그렇게 낳은 생명의 은인이 남편이다.

장남이 공부를 잘해 전교 일등하고 전체 반장을 하니 집안의 자랑이었다. 좋은 대학에 철커덕 붙은 그런 대단한 아들과 내가 결혼한 거다. 남편은 어머니에게 잘해주기를 원했다. 자기 효도는 자기가 해야 하는데 나에게 짐을 지웠다. 힘든 결혼 생활이었다.

남편은 전공을 살려 제조업을 하겠다고 타지에 공장을 차렸다. 성품이 온화하고 남을 먼저 생각하는 사람이 사업을 하려니 쉬울 리가 없었다. 부도가 나고 빚더미에 앉으며 매일 술을 마셨다. 남편이 술을 줄이고 함께 살 수 있을지 고민했으나 회복의 기미가 보이지 않았다. 회복될 시간을 견디며 5년의 별거를 했으나 끝내 이혼했다.

딸 부잣집 허 씨네 셋째 딸로 태어나 유년 시절은 빗자루에 상처받았고, 청춘 같은 2, 30대 시절은 암과 싸웠으며, 끝내 이혼 이력까지. 나에게 있어 큰 상처들이 내 인생 타임라인에 적혀있다. 당시에는 감추고 싶고 죽도록 외면하고 싶은 상처들. 하지만 지금은 그것들을 마주할 수 있다.

《이어령의 마지막 수업》(김지수, 이어령, 열림원, 2021)에는 이런 말이 나온다.

"상처를 가진 자가 활을 가진다. 삶의 고통은 피해 가는 게 아니야. 정면에서 맞이해야지. 고통은 남이 절대 대신할 수 없어. 오롯이 자기 것이거든."

나의 상처가 나를 살게 한다.

이 모든 것들이 나를 있게 했으니 전부 축복이었다.

한여름에는 스카프, 겨울에는 폴라티

"엄마, 저 아줌마. 목 흉터 좀 봐, 징그러워."

"그런 소리 하는 거 아니야."

애써 감추려던 상처를 들켰다. 순간 얼굴이 화끈거렸다. 지금이라면 "그렇게 보여? 아줌마 수술해서 그래"라고 했을 거다. 수술 자국은 검고 울퉁불퉁해서 내가 봐도 흉했다. 한여름에도 스카프를 했다가 더 더워지면 화장품을 덧발랐다. 하지만 흉터는 가릴수록 더 도드라져 보였다.

두 번째 수술 때는 수술한 곳을 한 번 더 째고 하자고 했다. 나는 흉터 때문에 로봇 수술을 하고 싶다고 했다. 의사 선생님은 딱 잘라 그냥 하자고 했다. 나이도 있는데 뭘 그리 신경 쓰냐는 듯한 말투였다. '당신이 내 아픔을 알아?'라는 말이 나올

25

뻔했다. 솜씨 좋은 의사와 의료기술의 발전, 흉터 연고를 바르니 이번에는 흉터가 빨리 사그라들었다. 아프지 않은 게 이상할 정도였다.

날이 선선해지면 폴라티를 입는다. 다른 사람들은 목주름을 감추려는 것이라지만 나는 두 가지를 다 할 수 있어 좋았다. 지난 크리스마스에는 큰언니에게 선물로 폴라티를 받았다. 촉감이 좋다고 했더니 색깔별로 보내주었다. 주황, 회색, 파랑, 검정, 아이 보리. 검정은 하나 더. 모두 같은 디자인 다른 색이다. 요일마다 다르게 입으니 멋쟁이가 된 것 같았다. 폴라티 여섯 벌이면 목주름도 흉터도 걱정 없다. 언니 둘도 같은 폴라티를 입는다. 의리 있는 언니들이다.

요즘도 가끔 흉터를 본 사람들이 "선생님 갑상샘 수술하셨나 봐요" 하며 목 흉터를 보고 묻는다. 그러면 나는 "친하면 보이는 건데~" 하며 넘긴다. '옷 속의 송곳은 감추어도 보인다더니' 들키고 나서 멋쩍게 웃는다. 봐도 못 본 척해주지, 꼭 그렇게 아는 척을 하는지 야속한 마음이 든다. 그러나 쿨하게 넘기는데 20년 세월이 걸렸다. 나도 처음에는 수술 자국이 있는 사람을 만나면 "수술하셨네요. 저도 했는데"라고 하면, 상대는 목을 가리고 수줍게 웃었다. 그 후로 흉터를 보아도 아는 척하지 않는다. "많이 아팠겠네, 고생하셨네" 하고 마음속으로 수술할 때를 생각하며 되뇌어본다.

인생에서 일어나지 않았으면 하는 일은 암 수술이다. 암에 걸리지 않았더라면 어땠을까 하고 생각해 보지만, 그 일이 없었다면 지금의 나는 없었을 거다. "암이세요" 소리를 듣고 하필이면 왜 나냐고 내가 뭘 그리 잘못했냐고 소리치며 원망했다. 그러나 암이 나를 살렸다. 건강을 챙기지 않고 살던 나를 멈추게 했다. 그러니 아픔과 상처가 없었다면 아직도 욕망의 전차에서 내리지 못했을 거다. 지금은 감추지 않고 우아하고 당당하게 살고 있다.

"볼 테면 봐. 어쩔 건데."

몸의 상처도 그렇지만 마음의 상처를 이야기하는 건 어려운 일이다. 마음은 부끄러움을 많이 타서 자신의 상처를 꺼내는 건 쉽지 않은 일이다. 서로 믿을 수 있어야 가능하다. 그래서 상담에서 친밀감 형성이 가장 중요하다. 여러 번 만나 회기가 거듭되어야 마음속 깊은 이야기를 한다. 섣부르게 물으면 감정이 물가의 게들처럼 쏙 들어가 숨는다. 그 자리가 그 사람이 해결해야 할 곳인데 '아차' 하는 순간 감정이 도망가면 살려내는 게 어렵다. 다음 회기에 못 볼 수도 있다. 성급하게 접근하면 내담자가 놀라서 말없이 상담에 안 온다. 그러면 상담자는 자책하고 내담자는 성장할 기회를 놓친다. 인생도 타이밍. 상담도 그 적확한 타이밍이 중요하다. 내담자가 받아들일 수 있을 때까지 기다렸다가 익은 감을 전지로 따듯 돌려서 한번에 딱~ 따야 한다.

그렇게 딴 깊은 공감의 순간에 눈물이 있다. 운다고 해결되는 건 아니지만 안 울면 마음이 움직이지 않은 거다. 일단 많이 울면 해결하고 얻어가는 게 있다. 상담사들끼리 하는 우스갯소리가 있다. "요리를 잘하면 상담도 사랑도 잘한대." 맛이 나는 비율과 타이밍을 아는 거다. 맛이 나는 그 지점에서 치유가 익는다. 손톱만큼 마음이 자라고 작은 변화로 버티어 살아낸다. 그 곁에 상담자가 있다.

목의 흉터도 마음의 상처도 어느 정도 아물면 드러낼 수 있다. 한번 생긴 것을 없앨 수는 없다. 흔적이 남는다. 하지만 그 자국 위에 삶을 적어갈 수는 있다. 상처를 간직한 채 스카프와 폴라티로 가리지 않고 살 수 있다. 있는 그대로 자신을 받아들이며 사는 거다. 상처도 나의 일부니까.

부모님의 사랑이 가난했다

서른일곱 늦은 나이에 대학원에 입학했다. 상담 심리학은 하고 싶던 공부였고, 나 자신을 알아가는 과정이어서 흥미로웠다. 간혹 수업 시간에 내 삶이 겹쳐와 눈물이 날 때도 있었다. '내가 이래서 힘들었구나' 하고 알아차린 날은 집으로 가는 차 안에서 엉엉 울었다.

상담의 가장 중요한 재료는 상담자다. 그래서 상담자 자신을 알아야 하고 치유해야 한다. 치유의 과정을 '자기를 찾아가는 여행'이라고 한다. 여행에는 동굴도 나오고, 지하실의 컴컴한 곳도 있다. 자신을 알아갈 때 특히 중요한 것은 가족, 그중 부모다. 부모에게 받은 사랑은 한 사람의 인생에 영향을 준다.

자기분석 과제를 할 때였다. 태몽부터 시작해서 자신의 인생을 적는 과제였다.

"엄마 내 태몽이 뭐였어?"

"네 것은 모르겠고, 정필이 건 기억하는데 그걸로 하면 안 되겠냐?"

그놈의 아들, 아들. 물은 내가 바보였다. 엄마는 내 이름을 부를 때도 "순정아, 아니. 순선아, 아이고 순향아" 하셨다. 딸 이름을 다 부르고 나서야 불렀다. 엄마의 유일한 짝사랑 맏이 순이와 아들 정필이만 한 번에 부르셨다. 물을 걸 물었어야지 하며 심통이 났다. 엄마는 미안하셨던지 이렇게 말씀하시곤 하셨다.

"네가 꼭 아들인 줄 알았어. 언니들하고는 노는 게 달랐거든. 발로 배를 뻥뻥 찼어."

그래서 사내아이가 태어날 줄 아셨다나. 그런데 내가 태어났으니 얼마나 실망이 크셨을까. 내다 버리지 않은 것만도 다행이다.

과제를 통해 알게 된 내 핵심 감정은 불안이다. 내 이야기를 들은 교수님은 호통을 치듯 말했다. "불안은 무슨 불안. 공포야, 공포. 나오면 딸인 게 들통날 텐데 그 안에서 얼마나 무서웠겠어." 태어나는 순간 엄마의 희망이 절망으로 바뀔 테니 이쁠 수가 없었을 것이다. 무서워 나오기 싫었을 거다. 나는 이름처럼 순했다. 건넛방에 뉘어놓으면 종일 기저귀를 흔들고 놀았다. 뒤통수가 납작한 건 오래 누워있던 흔적이다. 생존력이 놀랍지 않은가.

부모님과 오 남매 이렇게 일곱 식구가 살았다. 아버지는 고향이 이북이고 외갓집은 남해라 오가는 친척이 없었다. 엄마는 새벽 5시에 일어나 밤이 깊어야 돌아오셨다. 엄마는 서둘러 저녁을 드시고 깜박깜박 졸다 8시부터 주무셨다. 자식 다섯의 학비를 대려면 한 푼이라도 더 벌어야 한다며 집에서 부업도 하셨다. 밀가루 포대로 봉투도 만들고, 모자에 씌울 비닐도 만들어 돈을 보탰다. 우리 가족의 외식은 어느 겨울 극장에서 〈장화홍련전〉을 보고 짜장면 먹은 기억으로 어렴풋하다. 정말 다녀온 건지 내 상상인지는 모르겠다. 졸업식이나 입학식에 부모님과 찍은 사진이 없다. 우린 그저 바쁜 부모님을 바라보기만 했다.

엄마가 치매 걸리시기 전에는 같이 대중목욕탕에 가는 게 유일한 즐거움이었다. 엄마는 목욕탕 근처 식당에서 추어탕만 드셨다. 경로우대로 2천 원 할인을 받을 수 있고, 가깝다는 이유였다. 자식이 어렵게 번 돈 쓰는 걸 무척 아까워하신 엄마는 드라이브가면 뒷자리에서 '돌팔매'를 반복해서 흥얼거렸다.

"누구야~ 누가 또 생각 없이 돌을 던지는가~"엄마 속도 모르는 나는 하고많은 노래 중에 돌팔매냐고 타박했다. 누가 던진 돌팔매일까? 아마도 1번은 술 드시고 집안 살피지 않은 아버지고, 2번은 공부 안 하고 방황하는 남동생이지 않을까 짐작해본다.

늘 자식 걱정, 집안 살림 걱정에 바빴던 엄마에게 우린 모두 가해자였다. 얼마나 많은 돌을 던졌을까. 트로트 경연에서 엄마의 노래를 들으니 그때 생각이 났다. 살아생전 물 한 모금이라고 노래처럼 하셨는데 계실 때 좀 더 잘해 드릴 걸 하는 아쉬움에 눈물이 흘렀다. 아버지가 갑자기 돌아가셨을 때는 어렸지만 엄마가 계셨고, 슬펐지만 형제자매가 있어 마음이 휑하지는 않았다.

8년간 치매를 앓다 엄마가 쓰러지듯 가시고 나니 뿌리가 뽑힌 나무 같았다. '이제 아무도 없구나. 모일 장소도 없고 봐야 할 이유도 없구나.' 엄마랑 같이 이야기도 하고, 맛있는 것 먹고, 놀러 다녔어야 했는데 그걸 못했다. 우리에게는 이제야 겨우 여유가 생겼다. 직장 다니고 자식 키우는 일에 바빠 그 흔한 외식도 가족 여행도 자주 못 했다.

부모님과 같이한 추억이 거의 없다. 그런 생각이 들어 올해부터 큰언니, 여동생과 못했던 걸 하고 있다. 내가 두세 달에 한 번 언니와 동생이 있는 서울로 간다. 동생이 서울역으로 픽업을 나와 언니가 사는 강서로 가서 먹고 놀며 시간을 보낸다. 짧은 시간이지만 가족의 온기를 느낄 수 있어 좋다. 내가 걸을 수 있고, 보고 싶으면 갈 거라고 했더니 오케이 한다.

올해는 미국에 있는 작은언니가 61세 생일을 맞았다. 여동생과 작은언니를 만나러 미국에 갈 생각에 마음이 들뜨기도 했다. 동생 가족과 엄마가 계신 남해로 가족 여행을 간 것도 올해로 4년째다. 그렇게 우리는 추억 적금을 붓고 있다.

문득 생각해 본다. 가난의 대물림을 우리가 끊을 수 있을까. 우리는 원하든 원하지 않던 자식에게 대물림하고 있다. 가계도를 보면 우리가 무얼 물려받았는지 볼 수 있다. 우리는 자식에게 무얼 남기고 싶을까. 내 대에서 끊고 가야 할 건 무얼까. 다는 못하더라도 조금이라도 덜고 가야 할 것은 무엇일까 되뇌어본다.

아버지와 술독

황해도 평산군 적암면 위동리. 아버지의 고향이다. 아버지는 이산가족 찾기를 보며 눈시울을 적시면서도 나서질 않으셨다. 그저 묵묵히 쓴 소주잔만 들이키셨다. 아버지가 왜 그러시는지 그땐 알지 못했다. 아버지는 돋보기를 쓰시고 조용히 신문을 보는 과묵한 분이셨다.

외동아들로 컸고 일찍 할아버지가 돌아가셔서 할머니와 누이 밑에서 귀하게 자란 것은 친척 어른을 통해 들었다. 길 건너 사시는 작은아버지는 명절이 되면 운전 기사에게 소고기를 들려 보내셨다. 아버지는 만석꾼 아들이었고 작은아버지는 가난한 집 아들이었는데 그때의 인연 때문이라고만 했다. 의아했던 것이 명절에 비싼 화장품이 오기도 했고, 명란젓 세트 등 진귀한 것들이 서울에서 왔다. 선물이 오면 아버지는 말

없이 한쪽에 밀어두셨다. 아버지 마음을 알 수 없었다.

아버지는 멋쟁이셨다. 키가 185센티에 늘씬한 미남으로, 멋진 콧수염을 기르고, 외출할 때는 중절모를 쓰셨다. 술을 드시고 오면 볼에 얼굴을 비비시는데 콧수염 때문에 따가웠지만 싫지 않았다. 누가 봐도 멋쟁이 신사 양반이었다. 난 아버지를 닮았다. 동네에 나가면 "어~ 그 녀석 잘생겼네. 아버지를 꼭 닮았어"라는 말을 숱하게 들었다. 나는 예쁘단 소리가 아닌 잘생겼다는 말을 들었지만 좋았다. 아버지는 멋쟁이셨으니까.

놀림을 받은 날도 많았다. 버스를 타면 아버지는 환기통 밑에 서 계셨다. 키가 큰 아버지를 닮아서 학교 다닐 때 키 작은 애들에게 "위에 공기는 좋냐?" 하며 놀림을 받기도 했다. 또 아버지는 다른 친구들 아빠에 비해 나이가 많으셨다. 아이들이 "너희 할아버지냐?" 하고 놀리면 나는 "우리 아부지야" 하며 울먹였다.

그런 놀림들이 있어도 아버지 술 심부름을 해야 했다. 구를(동네 이름)에 있는 양조장으로 막걸리를 받으러 갔다. 누렇고 찌그러진 주전자를 들고 신작로를 따라가면 양조장이 나왔다. 주인아저씨가 땅에 묻은 독 뚜껑을 열고 긴 국자를 휘이 휘젓고 퍼서 주전자에 담아주었다. 주전자 주둥이로 막걸리가 고개를 내밀고 집에 오는 길에 뚝뚝 눈물을 흘렸다. 초등학교 때만 해도 아버지가 술을 드시면 좋았다. 평소에 말씀이 없으시다가 술만 드시면 이런저런 이야기도 하시며 지폐를 주셨다. 그걸로 엄마 몰래 라면땅과 자야 과자를 사 먹었다.

술을 좋아하던 아버지는 남편을 좋아했다. 맏사위는 술도 담배도 안 해서 서운했는데 대작할 사위가 생겼다며 흡족해했다. 남편은 친정에 갈 때 소주 한 짝과 맥주 한 짝을 등에 지고 갔다. 아버지는 웬걸 이렇게 많이 사 오냐고 하시면서도 화색이 돌았다. 엄마는 술이라면 징그러운데 그렇게 많이 가져오냐며 눈을 흘기셨다. 엄마에게 말술을 먹는 남편 때문에 속상하다고 하면 "고양이 피해 호랑이에게 걸렸구나" 하셨다.

사람들은 생일이라면 보통 미역국을 먹지만, 아버지는 생신날 만둣국을 드셨다. 김치를 송송 썰고, 계란과 두부를 넣고, 다진 고기는 조금만 넣었다. 그렇게 만든 김치만두를 좋아하셨다. 나는 만두피를 밀어 만두 빚는 건 싫어했지만 김치를 다지고 물기 짜는 건 했다. 한마디로 짤순이였다. 김치를 썰어 짜주고 나면 TV를 볼 수 있었다. 만두를 빚는 것은 동생과 엄마 몫이었다. 아버지는 술을 드시면 만둣국을 찾으셨다. 마트에서 사 오는 고향만두도 좋고 비비고든 뭐든 상관없었다. 아버지는 추운 겨울날은 물냉면을 먹어야 입맛이 개운하다고 하셨다. 만둣국과 냉면을 사시사철 드셨다. "털럭털럭 만둣국 좀 끓여다오." 지금도 술에 취한 아버지의 음성이 들리는 듯하다.

그랬던 아버지가 돌아가신 것은 내가 스물일곱이었을 때였다. 친정에서 전화가 왔다. 다급한 목소리였다. 어떻게 갔는지 모르게 단숨에 달려갔다. 아버지는 평소 다니시던 의원의 응급실에 누워계셨다. 너무 평온하게 누워 계신 아버지를 깨웠다. "아부지 아부지이. 눈 좀 떠 보세요." 그날 아버지의 얼굴은 무섭지 않았다.

아버지는 친구들과 술을 드시고 자전거를 끌고 가다 넘어져서 돌아가셨다. 술 때문에 가신 거다. 허망하게 아버지가 돌아가신 날 몸살이 날 정도로 울었다. 다른 사람은 내가 효녀라서 그런 줄 알지만 잘못한 게 많아서 울었다. 성질내지 말고 기분 좋게 만둣국 한 번 더 끓여드릴 걸 하는 죄스러운 마음에 울었다. 집안 살림을 돌보지 않으셨어도 우리 집의 기둥이었다. 아버지가 돌아가신 날 우리 오 남매는 하늘이 무너지는 줄 알았다. 내 나이 스물일곱이었으니 큰 언니도 겨우 서른두 살로 어렸다. 가족이 어느 날 갑자기 사라지는 첫 경험이었다.

아버지는 생전, 묘에 술독을 묻어달라고 했다. 가족 모두 알고 있었지만 술독 소리는 한마디도 하지 않았다. 술이라면 진저리를 쳤다. 그래도 아버지의 묘에 가는 날엔 평소 좋아하시던 소주를 넉넉히 산다. "아부지 드셔요." 봉분에 담배를 꽂고 술을 따르면, 곁에 있던 엄마가 한마디 하셨다. "술 많이 부으면 떼 죽는다. 조금만 부어라 어차피 먹지도 못하는데." 술독을 묻어 달라는 소원은 못 들어 드렸다.

돌아보면 아버지는 알코올 중독이셨다. 아버지에게 술은 외로움을 달래는 유일한 대상이었고, 살기 위한 수단이었다. 술을 마시지 않았다면 그 고통을 감당할 수 없었을지도 모른다. 고향에 갈 수도, 자식에게 물려줄 재산도 없는 미안한 가장이 자신의 애타는 마음을 술잔 속에 숨겨 놓았다는 걸 돌아가신 후에 알았다. 그러니 중독은 살려는 몸부림인 거다.

알코올 중독자는 자신 안에 또 다른 내가 있다고 한다. 알코올 문제로 오는 내담자는 과거에 살며 우울해하고, 후회와 술을 반복한다. 그들에게서 평생 술을 드시며 괴로워하던 아버지가 겹쳐 보인다. 알코올 중독 치료의 시작은 '알코올 중독자'라는 자기 인정인데, 아버지도 내담자도 중독이 아니라 술을 좋아하는 사람이라고 우긴다. 그래서 알코올 중독 치료가 어렵다. 나는 술을 드시고 발을 헛디뎌 돌아가신 아버지와 술로 인한 간경화로 아들의 간을 이식받아 10년을 살다 작년에 세상을 떠난 아이 아빠를 보았다. 그래서 이 마음을 가지고 상담을 할 수 있을까 하는 불안이 밀려올 때가 더러 있다.

그 때문에 알코올 문제로 상담실을 찾는 내담자들을 대할 때면 정말 난감하다. 협박해야 하나, 공감해주어야 하나, 번갈아 해야 하나 생각하다 슬며시 서러워진다. 왜 술을 만들어 이 사단을 만드나 하는 원망이 든다. 하지만 알코올 중독 상담을 마무리하며 이런 질문을 한다.

"자신의 삶을 위해 어떤 것을 실천해 보시겠어요?"
"술을 끊을 수는 없고 줄여 볼게요."

이 말을 들으면 걱정이 밀려온다. 알코올 병원에 입·퇴원을 반복하고, 직장에서 쫓겨나고, 가족이 등을 돌려도 끊기가 어렵다. 가족이 응원하고 자신이 결단해야만 중독에서 벗어나서 새 삶을 살 수 있다.

노 담! 노 알코올! 시작하지 말자!

괜찮아. 괜찮아. 정말 괜찮아!

장자莊子가 눈에 띈 건 지하 2층까지 내려간 기분으로 살 때였다. 이혼을 하며 다니던 직장을 그만두었다. 사람을 만나고 싶지 않아 지금 사는 곳만 아니면 된다는 심정이었다. 하지만 모아 둔 돈도 없고, 갈 곳도 못 정하여 오도 가도 못하는 신세였다. 이리저리 방황하다가 언니가 있는 곳으로 갔다. 그곳에서 직장을 잡고 작은 집도 구했다. 나를 아는 사람들을 피해 나를 꼭꼭 감추었다.

류시화 작가의 글을 좋아하던 터라 이름만 보고 책을 읽게 되었다. 마음 둘 곳 없이 혼자 외롭고 힘든 시절, 첫 페이지를 읽는데 마음이 환해졌다. 원을 그리는 대목에서는 '완성하지 않아도, 완전하지 않아도 된다'고 했다. '될 것은 될 거고, 너의 잘못이 아니라 괜찮다'고 했다. 나는 이혼을 했을 뿐인데 세상에서 가장 불행한 사람, 세상에 버려진 사람 같은 마음으로 살고 있었다.

장자를 따라가 보니 어느새 지상에 고개를 내밀고 있는 나를 보았다. 현실은 바뀐 것 없이 그대로인데 내 마음이 달라지고 있었다. '더 노력해야지. 열심히 살아야지. 미리 준비해야지. 그래야 뭐든 이룰 수 있어'라며 자신을 닦달하며 살았더랬다. 이혼하느니 차라리 죽고 싶었다. 자살도 뜻대로 이루어지지 않아 겨우겨우, 꾸역꾸역 사는 나에게 이대로 살아도 괜찮다는 말이 선 듯 받아들여지지 않았다. 나는 그저 빼꼼히 고개를 내밀고 좌우를 살피는 짐승처럼 그렇게 있었다.

그림자를 없애려고 며칠을 뛰어다녔는데 그늘에 들어가니 없어졌다고 했다. 머리가 띵해지며 인생도 저런 게 아닐까 하는 마음이 들었다. 내가 부여잡고 있는 것은 뭘까, 놓을 수 없는 것이 무엇이길래 하는 생각도 따라왔다. 빈 배의 비유는 어떤가. 배에 누군가가 타고 있으면 부딪쳤다고 고함을 치지만 배가 비어 있으면 그냥 지나간다. 상대가 비었거나 내가 비어 있으면 괜찮은데 상대는 어쩔 수 없으니 나를 비우면 될 것 아닌가. 여태까지 다투고 산 것은 내가 가득 차 있어서였구나 하는 마음에 살아온 날들이 그려졌다. 내가 좋아하는 것이 좋다고 우기고, 내가 바르게 사니 나같이 살라고 강요했던 거다. 바르게 사는 것이 좋은 건 줄 알았지만 나 자신도 무척이나 힘들었다.

이혼은 죽었다 살아나는 거다. 관계의 죽음이다. 어머니 아버지로 불리던 사람들도 안 본다. 이혼하고 살려니 편견의 시선이 느껴진다. 그래서 '이혼한 사람은 문제가 있다'는 말에 지쳐 살고 싶지 않았다. 묵묵히 고개를 떨구고 구부정하게 사는 나에게 장자는 이렇게 말한다. "빈 배가 되어라, 원을 완성하지 말아라, 그림자를 없애려 애쓰지 않아도 된다." 그 말이 나에게 "괜찮다, 괜찮다, 괜찮다"로 들렸다. 이혼해도 몸이 아파도 돈이 없어도 살 수 있다는 말로 들렸다.

지금도 힘들 때 장자를 꺼낸다. 책을 손에 들고 제목만 보아도 마음이 편해지고 한두 페이지 넘기면 차분해진다. 장자는 나에게 말한다. "인생은 한낮 꿈이니 너무 마음 졸이며 살지 말라."

난 오늘도 천년을 살 것처럼
쌩쌩거리고 산다

"의사가 가족 중에 암에 걸렸던 사람이 있냐고 하더라."

병원에 다녀온 언니가 투덜댔다. 25년 전, 10년 전, 9년 전, 6년 전. 난 네 번 수술했다.

첫 번째 수술, 큰 병원에 가보세요

기침이 잦고 여기저기 아팠다. 뱃속까지 울리는 기침을 하는데 "말을 많이 해서 그래" 하고 지나쳤다. 당시 나는 오전에는 유치부, 오후에는 초등학생에게 수학을 가르치는 학원 원장이었다. 다른 강사가 있어도 부모 상담에 학생 관리는 물론, 학원 청소도 해야 했다. 시댁에 살던 때라 새벽에 일어나 아침 밥도 해야 했다. 그때는 열심히 살면 되는 줄 알았기에 묵묵히 살았다.

　동네 내과 갔더니 의사 선생님이 내 목을 유심히 살펴보고는 큰 병원에 가보라고 했다. 덜컥 겁이 났다. 종합병원에 갔더니 피를 뽑고, 초음파 검사를 했다. 정확히 알려면 세침흡인 검사(FNAB, 얇은 바늘을 이용해 병변의 세포를 뽑아 검사하는 방법)를 해야 하는데 목에 있는 조직을 떼 내어 암인지 봐야 한다고 했다. 생각만 해도 아팠지만 어쩔 도리가 없었다.

　처음에는 검사 결과에서 암이 발견되지 않아 약으로 크기를 줄이자고 했다. 줄줄이 사탕처럼 주렁주렁 달린 약봉지를 한 아름 안고 돌아와 약을 먹고 먹고 또 먹었다. 몸이 붓고 기운이 빠지는 치료를 2년간 했다. 그렇게 약을 먹어도 목에 달린 혹의 크기는 줄어들지 않았다. 침을 삼키기도 어렵고 기침도 줄지 않았다.

　큰 병원에서는 갑상샘에 있는 혹의 크기가 커서 수술을 해야 한다고 했다. 암일 가능성도 있다는 말에 서둘러 수술 날짜를 잡았다. 그리고 무섭고 두려운 다섯 시간 수술 끝에 "환자분~" 하는 소리에 깨어났다. 수술 전 설명에서 목소리가 안 나오거나 변할 가능성이 있다는 말이 생각났다. 깨어나자 목소리가 안 나오면 어쩌나 걱정되어 "아아~" 해보았다. 다행히 목소리가 나왔다. 입원 일주일 후에 퇴원하여 월요일에 출근했다. 의사는 퇴원하면 바로 일상생활이 가능하다고 했다. 막상 출근하여 보니 목을 돌리기도 어려웠고, 수술 부위가 당기고 아팠다.

아파보지 않은 의사는 돌팔이다. 말을 할 수도, 목을 세울 수도 없어 울며 집으로 돌아왔다. 가족들도 간단한 시술 정도로 생각했다. 맏며느리, 학원 원장, 다섯 살 아이를 둔 주부. 나는 내 몸을 살뜰히 돌볼 정도로 약지 않았다. 목에 있는 혹만 떼어내면 괜찮을 줄 알았다.

두 번째 수술, 갑상샘암은 로또래

출근하려고 운전대를 잡으면 눈꺼풀이 무겁고 몸이 천근만근이어서 바로 퇴근하고 싶어졌다. '출근은 누구나 힘들지' 하는 마음으로 출발했다. 이 정도 피곤하지 않은 삶이 어디 있겠냐며 마음을 다독여도 여전히 몸이 힘들었다. 혼자 살려니 일할 직장이 필요했다. 익숙하게 살던 곳을 떠난 건 처음이어서 병원 가기가 쉽지 않았다. 객지는 알아보는 사람이 없어 좋지만, 뼛속까지 시리게 외로웠다. 자유와 고독이 한 몸이라는 걸 그때 알았다. 첫 번째 수술 후 5년간 추적관찰을 하고는 병원에 가지 않았다. 괜찮다고 하면 좋아야 하는데 괜찮다는 말을 듣고 돌아서면 시간도 돈도 아까웠다.

수술했던 병원에 전화하니 담당 의사는 퇴직했다며 다른 분으로 예약해 주었다. 갑상샘 초음파를 하고 세침 검사를 했다. 의사는 검사 결과를 건조한 말투로 몸살감기 정도라는 듯이 새털처럼 가볍게 툭 말했다.

"암이세요."

같은 곳에 암이라니 수술만 하면 끝난 줄 알았는데, 암이라는 말이 얼떨떨하기도 하고 머리가 멍해졌다. 꾹꾹 눌러왔던 눈물은 병원 주차장에서 터졌다. 병원 다녀와서 전화하라는 동생 순정의 말이 생각났다. 순정에게 전화하여 "암이래" 하니 "언니 어떡해" 하는 놀란 소리가 들렸다. 암에 대해 아는 게 없어 더 놀랐다.

주위에 암으로 죽었다는 말만 들었지 걸린 사람을 본 적이 없었다. 그래서 "너 죽는 거야"라는 말로 들렸다. 이혼하느니 차라리 죽고 싶었다. 이혼녀가 되어 손가락질 받고 사느니 죽는 게 나을 것 같았다. 그게 싫어서 죽으려고 했다가 실패하고 겨우 마음을 잡고 살고 있었기에 죽고 싶지 않았다. 이혼만 감추면 내 삶은 나쁘지 않았다. 첫 수술은 모르고 했지만 두 번째는 제대로 하고 싶었다.

갑상샘암 명의는 서울 병원에 있었고, 수술해야 한다면 빨리하고 싶었다. 몸에 암을 달고 사는 건 언제 터질지 모르는 폭탄을 안고 사는 기분이었다. 우선 확실하게 암인지 확인하고 싶었다. 아니, 암이 아니라는 말을 듣고 싶었다. 서울 의사 선생님은 암인데 다행히 왼쪽으로 전이는 안 되었다고 했다. 나는 수술해서 왼쪽은 없다는 말을 반복했다. 지방에서 올라가 병원에서 종일 기다렸다가 받은 진료는 실망스러웠다. 그때 알았다. 내 마음을 편하게 해주는 분이 명의구나.

결국 첫 번째 수술을 했던 병원으로 갔다. 수술 날짜를 잡고, 요오드 제한식을 했다. 수술 후에는 폐쇄 병동에서 일주일간 방사선 치료를 받았다. 방사선이 다른 사람에게 영향을 줄 수 있어 퇴원해서도 몇 주간 혼자 생활해야만 했다. 수술도 방사선 치료도 힘들었지만 더 힘든 건 사람들의 반응이었다. "갑상샘암은 착한 암이래.", "로또라고 하더라.", "생존율 백 프로라며, 괜찮아." 더한 건 "안 해도 되는 수술을 했네"였다. 사람들 말에 슬며시 화가 나는 걸 아파서일지 모른다고 나를 위로했다. 몸이 약해져서 그렇게 들리는 거라 넘겼지만 반복해서 들으니 "네가 걸려볼래? 착한 암" 하는 억지가 올라왔다.

위로하려고 하는 말인 줄 몰라서가 아니다. 안 걸려본 사람이 하는 말인 줄도 안다. 그래도 서운한 건 같다. 그냥 "많이 아팠지, 회복 잘 되었으면 좋겠어" 정도면 족했다. 수술 전과 후의 내 몸 상태는 내가 안다. 하길 잘했다. 치료는 노랗고 작은 알약을 숙제로 남겼다. 매일 아침 눈을 뜨면 약을 삼킨다. 처음엔 영양제라고 생각하며 먹자고 위안했다. 지금은 자동으로 먹는다. 자동이라 어느 날은 먹었는지 안 먹었는지 모를 때도 있다.

세 번째 수술, 빈궁마마

초경을 시작한 후로 한 달에 한 번 죽어야 사는 여자였다. 그날이 오면 2~3일은 우울하고 소화가 안 되어 몸살을 앓았다. 진통제, 소화제를 달고 살았다. 어느 때는 모두 소용 없이 노란 물을 토했다. 며칠을 굶다가 전복죽을 먹으면 생기가 돌았다. 아픈 몸을 이끌고 살았다.

산부인과 선생님은 초음파 결과를 보더니, 자궁에 크고 작은 혹이 많아 삶의 질이 나쁜 것이라며, 나이가 있어 임신할 것도 아니니 수술하자고 했다. 6개월 전에 갑상샘암 수술을 받았다고 하자 혹이 암일 가능성이 있다고 빠른 수술을 권했다. 전신마취를 하고 난소는 남겨두고 자궁만 떼기로 했다. 나에게 수술하자는 건 치료가 가능하다는 말로 들렸고 암을 키우며 살고 싶지 않았다. 얼마 후 개복으로 수술했다.

나는 수술을 받아도 얼굴만은 멀쩡했다. 환자복을 입지 않으면 환자인지 모를 정도로 훤했다. 힘들어도 그늘 없는 얼굴을 가졌다. 그래서 아픈 걸 말하지 않으면 아무도 모르겠지 하는 마음으로 말하지 않았다. 그게 편했다. 여동생이 병간호를 해주었다. 바쁘게 살던 동생은 내가 입원할 즈음 회사를 그만두었다. 어찌 시간이 딱 맞는지. 맞추려고 해도 그렇게는 안될 거다. 20년 동안 시어머니를 모시고 사는 동생은 시어머니와 떨어져 있을 수 있어 좋다며 밝게 웃었다.

없으면 어쩔 뻔했지 할 정도로 고마운 동생이다. 동생에게 전화해서 "요즘 봄 타나 보다" 하면 "나는 커피 타는데" 하며 웃음 짓게 하는 엉뚱 발랄한 막내다. 웃기느라고 "우리 언니 빈궁마마 되어서 어째" 하는데 속에서 살짝 화가 났지만 넘겼다. 그래도 마마란다. 무수리 아니니 얼마나 다행인가.

그 후로 다른 친구들이 실없이 하는 빈궁마마 소리를 가볍게 넘겼다. 여자의 자궁이 아들 낳고 제 소임을 했으니 그나마 다행이지 않은가. 의사가 수술 후 떼어낸 자궁을 들고 와서 동생에게 확인하라고 했는데 얼마나 혹이 많은지 '다글다글' 하다는 말에 소름이 돋았다. 그렇게 빈궁마마가 되었다.

네 번째 수술, 쓸개 빠진 년

"너는 장기를 떼면서 다이어트를 하니?" 친구의 한마디에 병실이 웃음바다가 되었다. 나도 웃었다. 틀린 말은 아니니까. 작은 것을 떼서 체중이 그대로네. 수술해도 딱 일주일씩만 입원하고. 삼세번이라는데 네 번째는 그랬다.

야간 상담을 하고 있는데 윗배가 아팠다. 체한 것과는 다르고 산통보다 약간 덜한 정도였다. 응급실에서 링거를 맞으니 통증은 줄어들었다. 당직 의사는 다음 날 외래로 검사를 받으러 오라고 했다. 다음 날 아픈 건 괜찮아졌지만, 수술하라고 할까 봐 검사를 안 했다. 그 후로 새벽에 두 번 응급실을 들락거리고 나서야 마지못해 검사를 받았다. 암이라고 할까 봐 덜컥 겁이 났다.

암은 익숙해지지 않는 단어였다. 급히 화장실을 갔다가 검사실에 들어서니 검사를 하려면 소변이 차야 한다며 물을 마시고 40분을 기다리라고 했다. 병원 경험, 수술 경험도 새로운 병 앞에서는 무용지물이었다. 쓸개에 담석이 여러 개 있는데 담관을 타고 올라와 나타나는 증상이라고 했다. 쓸개에 있는 담석만 제거할 순 없고, 쓸개에 계속 돌이 생기니 담낭을 제거하는 수술을 해야 했다.

나는 돌을 만드는 희한한 재주가 있었다. 부처님이나 큰 스님 사리도 아닌데 말이다. 복강경으로 배에 네 군데 구멍을 뚫어 수술했다. 개복 수술 때 복대를 차고 힘들었던 경험이 있어서 복강경은 한결 덜 아팠다. 그렇게 쓸개 빠진 년이 됐다.

사 다시 일_흑색종

나는 170센티 키에 체격이 크다. 친구들과 산에 가면 넘어지지 말라고 한다. 웬만한 남자보다 덩치가 좋아서 다치면 업고 내려올 사람이 없으니 중장비를 불러야 한다며 키득댄다. 어느 날 샤워하다가 그 긴 팔 근처에 이상한 푸른 점이 보였다. 정확히 말하면 점도 아닌 것으로 보여 신경이 쓰였다. 내가 공력이 높아 사리를 만든다는 걸 알아서이기도 하지만 몸이 아픈 후로 조금 이상한 증상이 있으면 병원에 쪼르르 달려가는 버릇이 생겼다.

아프면 의사와 친하게 지내라던가. 건강보조식품도 챙겨먹고, 공진단도 먹고, 보약도 때때로 먹으니 친구들은 너를 짜면 까만 약이 나올 거라며 놀린다. 공기도 민감해서 청정녀, 한마디로 까다로운 사람이라는 거다. 여러 번 수술 후에 몸을 살뜰히 챙기며 조심조심 살았건만 또 이런 일이 생겼다. 피부과에 갔더니 또 큰 병원에 가야 한단다. 암 수술 이력도 있어 조직검사를 해야 한다고 했다. 이력서를 쓰면 화려한 병력이긴 하다. 잔잔한 병으로 말이다. 종합병원의 차디찬 수술실에 또 누웠다.

이번엔 부분 마취를 하여 의사들이 이야기하는 소리가 다 들렸다. "떼었지?" 하는 소리가 들렸다가, "일단 덮지 말고 조직 검사를 하자"는 소리도 들렸다. 누워서 대기하는 시간이 길어지자 그냥 덮자고 했다. 또 암이라고 할까 봐 가슴이 벌렁벌렁했다.

의사는 검사 결과 피부암 흑색종으로 보인다고 했다. 협진 병원에 조직을 보내 한 번 더 확인해야 하니, 한 달 후에 결과를 보러 오라고 했다. 피부암은 혈관을 타고 암이 이동하여 혈액암일 가능성도 있다고 했다. 그 말들은 몸 어딘가에 암이 광범위하게 있다는 말로 들렸다. 한 번도 두 번도 아니고 이제는 끝장인 것만 같았다.

그렇게 한 달 동안 피부암 환자로 살았다. 그러나 한 달 뒤 다행히 부분 소견만 있다고 일단락을 지었다. 끝난 게 끝난 게 아니라더니 죽어야 죽는 거구나. 죽음이 이리 가까운데 난 오늘도 천년을 살 것처럼 쌩쌩거리고 산다. 골골하는 네가 가장 오래 살 거라는 작은언니의 말이 싫지만은 않은 걸 보니 질긴 게 목숨인가 보다.

삼십오만 원과 법원

"엄마, 아빠 돈 보고 결혼했다면서?"

"그런 말이 어딨어, 사랑해서 결혼했지."

어느 날 아들의 말에 억울하여 말이 격하게 나왔다. 호의호식하고 편하게 살았다면 그렇다고 대답할 수도 있었다. 그러나 나에게 주어진 목돈이나 재산이 없었기에 결혼 후 몸이 아파도 일을 했다. 학원도 시아버님 명의였고, 봉고차는 내 이름이었으나 팔고 사는데 내 의견을 묻지 않았다. 세상에 내 것인 게 없었다. 늘 벌어서 메꾸느라 허덕이며 살았다.

대학 졸업 후 짧게 직장 생활을 하다가 결혼하여 저축한 돈도 없었고, 친정 형편도 넉넉하지 않았다. 그런 상황이어서 시댁에 들어와 살아야 가족이 된다는 말에 수긍했다. 내 생각을 말할 수 있는 상황이 아니었다. 남편은 수입이 없었다. 사랑이면 다 될 줄 알았는데 경제적 독립 없이 결혼한 게 무모한 선택이란 걸 결혼한 후 알게 되었다.

시댁은 경제적으로 넉넉했다. 남편은 성격이 온순하고 남을 배려할 줄 아는 사람으로 성격이 마음에 들었다. 그리고 집안이 여유 있으니 다행이라고 생각했다. 시댁은 자수성가한 시아버지 덕에 밥술이나 먹고 사는 정도였다. 시부모님은 알뜰해서 모든 걸 스스로 해결했다. 이층집 페인트를 손수 칠했고, 화장실 타일을 바꿀 때도 남편과 시어머니가 했다.

내가 아는 부자는 작은아버지였다. 작은아버지는 천안에서 둘째가라면 서러워할 부자였다. 집을 짓고 이사 오던 해, 작은 엄마가 중풍으로 쓰러지셨다. 작은엄마가 돌아가신 후 장판 밑에서 현금 2억이 나왔고 발 빠른 오빠가 그걸 챙겼다는 이야기를 들었다. 그 이야기를 듣는데 돈이 뭐길래 써 보지도 못하고 저리 가실까 생각했다.

작은 집은 가정부가 둘 있어도 작은아버지가 집안 휴지통을 비우셨다. 길 가다가 맥주병을 보면 주워 모으셨고, 동사무소에서 경로우대 회수권을 타오실 정도로 검소했다. 작은아버지가 평일에는 기사가 있는 자가용을 타고, 주말에는 시내 버스 타는 걸 나는 여러 번 보았다. 그래서 중학생 때부터 부자는 돈을 저리 아낀다는 걸 알았다. 시댁도 비슷했다. 외식은 고기뷔페에서 하고, 칼국수는 집에서 손수 밀어 드시며 알뜰살뜰 모았다. 돈이 있는 사람이 더하다는 말을 실감했다.

그렇게 사니 돈이 모이는 것이다. 그렇게 모으신 돈이라서 함부로 쓸 수 없었다. 그 모습을 지켜보며 내가 일군 것만이 내 것이고 세상에 공짜는 없다는 걸 알았다. 시부모님은 "여자가 나가서 몇 푼이나 번다고 그러고 다니냐"고 했지만, 나에겐 내 마음대로 쓸 수 있는 돈이 필요했다. "돈 벌러 다니는 게 아니라 일하러 다니는 거거든요"라고 말하고 싶었지만 웃어넘겼다.

친정엄마는 자식들 가르쳐놨더니 노는 자식이 없다고 푸념 반 자랑 반하셨다. 나는 일이 즐거웠다. 친정엄마는 늘 이렇게 말씀하셨다. "내가 아기를 봐 주면 너희들이 일하며 살 수 있잖니." 그런 친정엄마는 외손자를 여섯이나 키우셨다. 친정엄마가 안 계셨으면 내가 일하는 건 어림없는 일이었다. 한 여자(엄마)의 희생으로 딸 셋이 커리어우먼 소리를 들으며 살았던 거다.

남편이 공장을 짓느라 시부모님 건물을 은행에 잡히고, 살던 집으로 은행에서 융자를 받은 것은 우편물을 통해 알았다. 시아버님은 그냥 두면 집이 은행에 넘어가니 팔아서 작은 전셋집이라도 얻으라고 했고, 시어머님은 네 돈 쓴 것 아닌데 뭐 때문에 그러냐며 아들이 빚내어 사업을 하든 말든 관여하지 말라고 했다. 하나뿐인 아들은 어머니에게 신과 같은 존재였다. 시어머니는 그 대단한 아들이 죽기 전까지 생활비를 댔다.

전셋집에 사는데 남편이 사채업자에게 시달린다고 했다. 친정으로 들어가 전세보증금을 빼서 주었다. 아이 아빠인데 사람은 살리고 봐야 했기에, 내가 할 수 있는 전부를 했다. 친정엄마는 푼푼이 모은 돈을 보태라며 흰 봉투를 내미셨다. 남편 사업이 잘되었으면 하고 바라셨다. 남편을 믿었고, 믿고 싶었다. 몇 년의 시간이 흐르며 남편 사업이 가망이 없다는 걸 알게 되었을 때 나에게는 한 푼도 남아 있지 않았다.

아들은 공부를 잘해서 성적이 상위권이었고, 반장과 회장을 했다. 남편이 타지에서 사업을 하니 육아는 내 차지였다. 시간이 흘러 남편과 이혼에 합의했으나 아이를 서로 키우겠다며 다툼의 시간을 보냈다. 내가 아이를 키우기 위해서 돈이 필요했다. 아이 엄마가 돈이 필요한 건 아이를 키우기 위해서다. 자식 공부시키고 뒷바라지하기 위해 돈이 필요했다. 시댁에서는 한 푼도 줄 수 없다고 했고, 남편은 자신이 키운다고 우겼다. 김씨 집안 장손이라서 줄 수 없다는 거다.

지루한 싸움을 끝내기 위해 한 푼도 받지 않고 아들을 보내기로 했다. 아들을 보내면 큰돈이 필요하지 않았다. 작은 방 하나를 구할 돈이 없어 막막했지만 나 하나는 어떻게 하든 살 수 있을 것 같았다. 아들을 보낸다고 결정하니 단순해졌다. 그때는 법적 이혼만 남기고 남남으로 사는 삶이 힘겨웠다.

몇 날 며칠을 눈물로 지샜다. 아들이 남편에게 간다고 내 아들이 아닌 건 아니라고 주문을 걸며 마음을 잡았다. 어느 날은 당장이라도 달려가 데려오고 싶었다. 자식은 떨어져 있어도 늘 가슴에 남아 몸은 보냈어도 마음은 단 하루도 그 아이를 보낸 적이 없었다. 어떤 이는 아들을 미국으로 유학 보낸 셈 치라고 위로를 건넸다. 그렇게 마음을 다잡아도 찢어지는 마음은 같았다. 멀찍이서 잘 지내기만을 바랄 뿐이었다. 그래서 협의 이혼을 했다.

재판이 끝나고 법원 앞마당에서 남편은 돌아선 나를 돌려 세우곤 주머니에서 부스럭거리며 뭔가를 꺼냈다. 돈이었다.

이것밖에 없다고 건네며 눈시울을 붉혔다. 법원 앞 화단에서 그도 울고 나도 울었다. 나중에 벌어서 차차 주겠다며 35만 원을 쥐여 주었다.

나에게는 아무것도 없었다. 자식도 남편도 돈도 없는 불쌍한 사람이었다. 은행에서 전세자금 대출로 4천만 원을 받아 작은 투룸을 구했다. 쓰고 살던 습관은 남아 있고 돈은 없어 괴로웠다. 그래서 돈을 더 벌 수 없으니 욕망의 크기를 줄이며 살았다. 30만 원짜리 구두를 사 신다가 3만 원짜리 신발을 사야 했다.

삶은 구차했지만 홀로서기는 떳떳했다. 나로 살 수 있었다. 책도 마음대로 사고 등록금도 눈치 보지 않고 냈다. 승용차도 내가 주인이다. 이렇게 살아왔는데 훗날 돈 보고 결혼했다는 말도 안 되는 억울한 소리를 아들에게 들어야 했다.

내 힘으로 일군 것은 누구도 빼앗을 수도 가져갈 수도 없다. 작지만 내 힘으로 장만한 내 집이 있어 좋고, 낡았지만 내 차여서 좋았다. 할 일이 있고, 출근할 수 있는 직장이 있어 그저 감사할 뿐이었다. 어버이날 아들이 말했다.

"허순향 씨 고마워요. 엄마 나이는 이름을 불러주어야 좋아한다며."

그 말에 나는 "난 허순향 선생님, 허순향 교수님으로 살아서…"라며 말을 흐렸다.

누구의 아내, 누구의 엄마여도 좋았지만 이대로도 괜찮다. 내 인생인 걸 어쩌겠는가. 난 오늘도 작은 것에 감사하고 산다.

그래서 더 아프고 그래서 더 멋지다

"엄마는 혼자 사는 여자라서 감정적이야."

아들의 이 말에 충격과 분노가 일었다. 둘이 사는 사람은 감정적이 아니냐고 반박을 하지 못한 채 '혼자 사는 여자'라는 단어에 가슴이 무너졌다. 열심히 치열하게 살아온 내 삶이 부정당하는 것 같았다. 그러면 이렇게 외치고 싶었다.

"그래, 난 혼자 사는 여자다. 그래서 더 아프고 그래서 더 멋지다. 내가 혼자 사는 여자로 이만큼 살아낸 게 대견해."

다른 사람에게 그 말을 들었다면 욕하고 안 봤을 거다. 당신이 혼자 사는 여자의 아픈 인생을 아냐고, 그렇게 살아온 그

대견함을 들어보겠냐고 악을 쓰고 싶었다. 난 혼자 사는 여자다. 그러고 보니 22년을 혼자 살았다. 어린 시절은 내 의지로 산 삶이 아니라 제쳐두면 혼자 산 세월이 가장 길다. 세상 누구도 돌봐주지 않고 기대고 살 사람이 없으리란 걸 알지 못했다. 인생을 어찌 알겠는가.

혼자 산에 갔다. 오가는 길에 아이를 데리고 남편과 같이 온 여자가 나에게 "혼자 오셨나 보네. 외톨이시구나" 했다. 그 말을 듣고 얼굴이 화끈거려 서둘러 산에서 내려왔다. 숨고 싶었다. 요즘은 그렇지 않지만, 몇몇 사람들은 여전히 그렇게 보기도 한다는 걸 안다.

혼자 산에 가면 좋다. 내 힘만큼 갈 수 있고 쉬고 싶을 때 쉴 수 있고 말하고 싶지 않을 때 안 할 수 있다. 헉헉 숨찬 내 호흡을 느낄 수 있고, 내 마음의 소리도 들을 수 있다. 산새 소리도 잘 들리고, 바람도 잘 느껴지고 싱그러움도 오롯이 느껴진다. 그래서 좋다.

땅끝마을에 갔을 때도 혼자 온 걸 어찌 아는지 사람들이 말을 걸어왔다. 귀찮았지만 잠시 머물다 헤어져서 좋았다. 통영에서 배를 타고 건너가는 소매물도에서 아가씨 둘이 나를 챙겼다. 혼자 온 여자는 왠지 위험해 보이는지 도와주려 했다. 중국 여행을 갔을 때도 비슷한 나이의 부부와 같이 움직였다.

그러고 보니 온전히 혼자인 적이 없다. 사람들은 혼자인 걸 그냥 두지 않는구나. 혼자는 위험하거나 쓸쓸하거나 문제가 있어 보여 돌봐주려고 하는 건가. 나도 그런 생각을 하나 하는 마음이 들었다. 그러나 괜찮다. 혼자여서 같이 있을 때 더 좋다. 숨을 마음껏 쉴 수 있어서 좋다. 혼자 있는 여자, 나처럼 멀쩡한 여자는 더 이상하게 본다. 멀쩡한 여자가 왜 혼자 다닐까 하는 호기심 반, 집적거림 반의 시선이 싫다. 혼자 사는 여자는 모든 걸 혼자 한다.

누구의 도움 없이 해결하며 산다. '누군가 도와주면 좋을 텐데' 하는 생각을 하지만 어찌어찌 해결한다. 그게 편하다. 작은 도움이 빌미가 되어 내 생활이 침범당하는 것도 싫고, 내 삶이 노출되는 것은 더더욱 싫기 때문이다. 그래서 혼자다. 그러므로 어려운 사람의 삶을 민감하게 알아차린다. 겪어 봤으니까. 빈계산에 갔다가 오가며 만난 사람이 이런 말을 건넨 적이 있다.

"등산은 올라가는 건 선택이고, 내려오는 건 필수예요."

그렇다. 인생은 순간순간 선택이고 나이 드는 건 필수다. 혼자 사는 건 선택이고 외로운 건 필수다.

네 엄마 주목받고 싶은 거야,
좀 봐줘

엄마에게 이쁨을 받으려고 한 게 아니라 더 밀려나고 싶지 않아 집안일을 거들었다. 엄마가 하는 장사를 도왔다. 짐 자전거로 배달도 하고, 손수레를 밀거나 끌었다. 엄마가 불쌍했지 부끄럽지 않았다.

부끄러운 건 우리 집의 가난이었다. 친구 집에는 놀러 가는데 친구를 집에 오라고 하지 못했다. 내가 보기에도 우리 집이 너무 초라했다. 내세울 것도 자랑할 것도 없는 집이라 조용한 아이로 자랐다. 얼굴 멀쩡하고 키가 큰 나는 밖에 나가면 부잣집 셋째 딸인 줄 알았다. 아무 말도 안 했으니까 말이다.

부모님 품 안에 있을 때는 부모에게 인정받고 싶었다. 그후 아들이 아니라고 부모에게 못 받은 사랑을 결혼하면 남편에게 받을 수 있을 거라 믿었다. 결혼해서 내 삶을 바꾸고 싶었다. 세상에 단 한 사람에게라도 주목받고 싶었다. 세월이 흘러 부모도 남편도 다 갔고 이제 남은 건 하나, 아들이다. 아들은 내가 왜 안 이쁘고 좋지 않을까. 좋아서 막 하는 거라는데 어떻게 이해해야 할까.

오랜만에 가족이 모였다. 큰언니, 조카 둘과 조카사위, 늦게 여동생이 왔고, 난 아들과 같이 갔다. 저녁을 먹고 카페에 갔을 때, 큰조카가 공무원 생활의 어려움을 말했다. 동생과 큰언니가 한마디씩 건넸는데 조카가 시큰둥한 반응을 보이자 순간 가족들의 눈길이 나에게 꽂혔다. 심리학 박사인 네가 한마디 하라는 무언의 눈짓이었다. 그 압박을 견디지 못하고 입을 뗐다.

언니는 조카가 공무원 생활을 계속하길 원했고, 조카는 그만두고 싶어 했다. 그래서 언니 꿈을 조카에게 강요하는 건 아닌지 돌아보았으면 좋겠다고 했다. 두 사람은 공감했다. 자녀는 부모가 원하는 삶이 아니라 자신의 삶을 살아야 하고, 부모의 꿈은 부모 자신이 이루어야 한다. 가족은 이중관계라 어떤 말도 하지 말아야 한다는 걸 알지만 이야기하고 말았다. 돌아서며 후회했다.

집으로 돌아오는 차 안에서 아들이 한마디 했다. 엄마를 집에서 볼 때는 몰랐는데 이모들과 같이 있을 때 보니 역시 박사는 다르다며 정말 멋지다고 했다. 순간 부끄러우면서도 기분이 무척 좋았다. 다른 사람의 인정보다 아들이 해 준 한마디의 무게가 상당하다는 걸 그때 느꼈다.

그 말을 듣자 아들이 유치원 다닐 때 일이 떠올랐다. 유치원 차를 태우러 나갈 때 출근 시간이 빠듯하여 화장하고 외출복을 입고 나갔는데 주부인 다른 엄마들과는 달랐던 모양이다. 아들이 유치원 차 태우러 온 엄마 중에 울 엄마가 제일 이쁘다며 좋아했던 일이 떠올랐다. 아들의 그 한마디가 지금도 미소 짓게 한다.

나는 지금 이대로의 내가 무척 이쁘고 좋다. 아프고 힘들어도 열심히 살아가는 그런 내가 애틋하고 어여쁘다. 나(너) 자체로 멋지다고 억지라도 부리며 살고 싶다.

내가 잘하면 이쁘게 봐주겠지 했는데 그게 아니란 걸 알게 된 건 얼마 안 되었다. '이쁜 건 그냥 이쁜 거'란다. 태어나면서 이쁜 사람이 있고 아무리 이쁜 짓을 하고 잘해도 안 되는 사람이 있다고 했다.

　진작 알았으면 그렇게 안 살았을까. 지금이라도 그렇게 안 살 수 있을까. 이생에서는 안 되는 걸까 하는 마음이 들었다. 난 이쁜 것 말고 멋지게 살다 가련다.

살면서 안 되는 게 있어,
그건 당신 잘못이 아니야

"살면서 안 되는 게 있어. 그건 당신 잘못이 아니야. 자책이나 자괴감 따위 가질 것 없어. 누구보다 열심히 아픔을 딛고 살아 여기까지 왔지. 당신 대단하고 훌륭해. 마음으로 늘 응원하고 있어. 기특한 자신을 어느 조각 땜에 부정하면 말이 안되잖아. 많이 아끼고 사랑해줘. 충분히 그럴만하니까."

"뭐라 표현할 수 없지만, 아프고 힘든 시간을 견디며 사는 당신이 잘 살았으면 하고 나도 늘 응원했어. 나에게 해 준 이 말. 나도 당신에게 해 주고 싶은 말이야. 고마워."

"그래. 고맙다. 또 힘내서 살아보자."

아이 아빠의 마지막 문자가 묘비명이 되어 가슴에 새겨졌다. 힘내서 살아보자고 하고는 홀연히 저세상 사람이 되었다.

아들 일로 속상할 때 이 말을 되뇌며 견딘다. 그래도 안 되면 성불사의 가파른 언덕을 올라 부처님께 108배를 드려본다.

둘 있던 남편의 누나 중 큰누나는 엄마도 해줄 수 없는 것을 그에게 해주었다. 형님과 아들 일로 통화한 적이 있다. 형님에게 푸념하듯 물어본 적이 있다. 그때의 말이 지금도 가슴에 모닥불을 피워 견디게 한다.

"앞으로 제가 어떻게 하며 살아야 할까요?"
"그만큼 했으면 되었으니 이제 못하겠으면 못한다고 해도 돼. 참으면서 아프지 말고. 하지 않아도 돼."

지인이 안부를 물었다. 이렇게 저렇게 지내고 있다고 하자, "허 선생이니까 그만큼이라도 하고 살 수 있었지"하는 말을 듣는데 눈물이 핑 돌았다. 애쓰며 사는 걸 알아주는 한 사람만 있어도 힘이 된다는 걸 알았다.

"네가 한다면 믿음이 간다. 너라면 잘할 수 있을 거야."
"이제 망설이지 말고 하고 싶은 거 하고 살아요. 어떤 결정을 해도 괜찮으니 해보세요."

"자식을 위해서 하는 것 반만큼이라도 자신을 위해 하세요."

"당신 자신을 위해서 무엇을 해주고 있나요?"

"당신이라면 그 상황에서 어떻게 하실 것 같으세요? 그러니 미안해하지 않으셔도 돼요. 그 사람도 당신에게 그런 마음일 겁니다."

상담실에 오는 사람들은 저마다 짐을 지고 온다. 그들의 이야기를 따라가면 나를 만나게 된다. 내 살아온 날들의 경험이 약이 될 때가 더러 있다. 그들의 상처에 내 상처를 입혀 깊은 공감이 될 때 가슴으로 만난다. 나만 이런 일을 겪나 하며 힘들었던 일이 누구나 겪을 수 있는 일이라는 보편성 앞에 가슴이 열리고 눈가에 이슬이 맺힌다.

아들의 법적 다툼으로 인해 가슴이 멍든다는 50대 후반의 어머니에게 조심스레 한마디 건넨다.

"내가 죽어야 이 고통이 끝나지 하는 심정이지요?"

"네. 선생님. 제 마음이 딱 그래요."

"어머님이 잘못해서 아들이 그럴 거로 생각하진 마세요. 충분히 잘 키우셨어요."

이렇듯 힘이 되는 말은 가슴에 남아 다시 시작하게 한다. 자꾸 들어도 좋고 타인에게 들어도 자신에게 해도 힘이 난다.

"너 잘하고 있어. 최선을 다했으니 이제 힘들면 그만해도 돼. 수고했어. 그동안 참 애썼다."

심리학은 개뿔,
아들 마음 하나 모르면서

2월의 늦은 밤, 아들에게 전화가 왔다. 갈 곳이 없다며 하룻밤만 재워달라고 했다. 머릿속이 복잡했다. 순간 무슨 일이 있나 불안해서 아이 아빠에게 문자를 했다. 갈 곳도 없고 돈도 없어서 그런 거니 아무 말 말고 재워주라고 했다. 아들이 현관으로 들어서는데 몰골이 꾀죄죄했다. 큰 키에 어깨가 축 처져 있어 입고 있던 검은 코트가 무거워 보였다.

마침 한 달 전 작은방을 치웠다. 누군가 방을 써야 할 것 같다는 마음에서였다. 불길한 예감은 언제나 틀리는 법이 없다. 아들 모습에 반가운 마음보다 속이 상했다. 불안한 마음을 가라앉히고 아들에게 조심스럽게 말을 건넸다. "이 밤에 엄마에게 온 걸 보니 힘든 일이 있구나. 낮에 자랑스럽게 오고 싶지 이 밤에 이 꼴로 오고 싶었겠니." 아들은 눈물을 훔치며 일어섰다. 그 모습에 씻고 쉬라는 말 외에 더 이상 말을 꺼낼 수 없었다.

솔직한 심정으로는 왜 그 모양이냐, 나이가 몇인데 아직도 그러느냐, 갑자기 오면 놀라지 않냐 등 하고픈 말이 많았다. 속상하고 화가 치밀어 오르는 말들을 꾹꾹 삼켰다. 아들이 엄마에게 오는데 이유가 있을까. 아들은 아빠 집과 할머니 집, 고모 집을 오가며 마음을 못 붙이고 살았다. 부모가 헤어지고 방황이 길었다. 아들이 울먹이며 말했다. "나는 집이 없어요." 아들의 말에 가슴이 메었다.

"부모가 사는 곳이 네 집이고, 네 방이야."

아들이 집에 온 지 일주일 후 아이 아빠가 위독하다는 전화를 받았다. 아들과 병원에 달려가니 아무 말도 없이 세상을 등지고 말았다. 아들 간을 이식받고 10년을 살았다. 아픈 줄은 알았지만 이렇게 허망하게 빨리 갈 줄은 몰랐다.

아들은 아빠 장례를 치르고 돌아와 말없이 출근했다. 매일 아무 일 없다는 듯이 지내다가 일요일에 성불사에 가서 49재를 지냈다. 어느 날엔가는 "엄마, 나는 반 고아예요"라고 하는데 마음이 무너졌다. 내 나이 스물일곱에 아버지를 보내던 날이 떠올라서였다.

이혼으로 떨어져 지내다 성인이 된 아들과 지내려니 불편한 일이 한두 가지가 아니었다. 밤늦게 자고, 담배를 피우고, 내가 싫어하는 것을 일부러 하는 것도 아닌데 눈에 거슬렸다. 차를 타면 이 길로 가지 말고 저쪽 길로 가라고 하고, 울렁거리니 천천히 가라는 등.

이런 일 저런 일에 타박하여 내가 무슨 죄를 지었나 싶을 정도였다. "왜 이제 와서 나를 힘들게 하냐"는 말이 목구멍까지 받쳐 올랐다. 죽은 사람에게는 애를 저 모양으로 키워 내게 짐처럼 던져 놓고 가냐는 원망의 말이 나왔다. 내가 키우겠다고 6년을 싸우다 가슴을 찢어가며 보낸 아들이었다. 원망하는 마음이 드니 지금의 상황이 받아들여지지 않았다. 그러다 어느 날 문득 생각이 들었다.

'내가 아들을 짐처럼 생각하는구나.'

나는 아들을 억지로 받아들인 것이다. 받아들이지 않고 '맞이한다'라는 것은 물살의 방향을 따라 수영하는 것이다. 피할 수 없는 분노와 슬픔 앞에서 진심으로 "네"라고 하는 거다. 이미 일은 벌어졌다. "그렇다. 이미 그러하다. 내가 발을 동동 구르며 울고불고해도 이미 그렇다는 사실은 달라지지 않는다. 자, 그럼 이제 어떻게 해야 할까?" 나에게 돌아온 답은 간단했다.

"내가 아들을 맞이하지 않고 받아들였구나."

그런 와중에 아들과 말다툼을 할 때였다. "엄마는 엄마가 잘못한 걸 알아? 왜 그렇게 감정적이야, 그리고 어릴 때 왜 나를 때렸어? 왜 나를 힘들게 했어? 나에게 미안한 거 없어? 정말 미안한 게 없냐고?" 다그치듯 울부짖으며 물었다. 나는 대꾸 한마디 못하고 그런 아들의 말 폭탄을 듣고 있었다.

미안하지 않았다. 난 잘못하지 않았다. 최선을 다해서 살았고 열심히 노력했다. 그래서 부끄럽지도 미안하지도 않았다. 하지만 다음날 불편한 마음으로 일할 아들이 생각나 메신저에 '미안해'라고 썼다가 미안하단 생각이 안 들면서 한 말이 걸려 삭제했다. [삭제되었습니다]란 문구에 아들이 마음 쓸까봐 '미안해'라고 다시 보내니 '죄송합니다'라고 답이 왔다.

드라마 〈우리들의 블루스〉의 옥동과 동석이 생각났다. 내게 미안한 게 없냐고 정말 미안한 게 없냐고 툴툴거리며 화난 아들 동석을 바라보며, 안 미안하다고 하는 옥동이 떠오른 건 내 마음이 딱 그랬다.

"너를 위해 그랬어. 그때 내가 할 수 있는 최선이었어. 네가 그 모진 세월을 살아내 주어 고마워."

아들에게 모진 말도 하고 싶다. "엄마는 깔끔하게 살다 갈 거야. 나 죽어도 오지 마. 네게 짐이 되지 않을 거야. 그러니 네 인생을 살아." 나도 옥동처럼 죽기 전에 엄마가 있는 남해로 갈 거다. 엄마에게 미안하다는 말도 하고, 엄마에게 잘못한 것 아들에게 받고 있다고 알려주고 싶다. '네가 참아야지, 그 어린 것을 그렇게 두면 되니' 하시겠지만, 아들 안 보고 싶고 나도 힘들다고 뒹굴며 떼라도 쓰고 싶다. 나는 아들이 사는 모습이 안타까울 뿐, 아들이 밉지 않다. 이렇게 살고 싶지 않을 뿐이지 어찌 자식에게 저런 모진 말을 하고픈 부모가 있을까. 나도 가슴 뜨거운 엄마다.

아들이 내 전화를 차단했다. 메신저에 1이 사라지지 않는 걸 보니 메신저도 차단당했다고 하면, 내가 피해자가 된 것 같아 차단했다는 팩트로 현실을 받아들였다. '내가 끊고 싶었는데 먼저 정을 끊어주니 다행이라고 생각하라'는 스님의 말로 마음을 돌려 보지만, 가슴에 찬 바람이 인다.

다퉜던 그 주 토요일 아침 결국 생각만 하던 모진 말이 나왔다. 속에 전혀 없는 말은 아니었다. 카드 연체, 스마트폰 정지 등 돈 문제를 일으키고, 물건을 부수고, 며칠씩 연락이 두절 될 때마다 저렇게 살 거면 차라리 죽어버리면 좋겠다고 생각했다. 힘들게 사는 모습을 보는 것이 괴롭고, 원하는 것을 줄 수 없어 절망적일 때 드는 마음이었다. 문제를 해결해도 반복되는 것이 두려웠다. 그러자 아들은 단 한마디 말을 하고서 나갔다.

"심리학은 개뿔, 아들 마음 하나 모르면서."

가슴에 대못이 박혔다. 정확하게 크게 한 방을 맞았다. 듣는 순간 하마터면 20년 전에 닫은 뚜껑이 열릴 뻔했다. 하루 지나니 자신이 아파서 저런다는 마음이 드니 스르륵 가라앉았다. 어쩌겠는가 자식인걸. 아침 일찍 집을 나선 아들이 걱정되어 전화를 걸었다. 통화를 할 수 없다는 멘트가 나왔다. 통화 중인가보다 하다가 급한 일이 있어 옆에 있던 김 선생 전화를 빌려 걸으니 받았다.

그때 알았다. 발신 차단. 엄마 전화를 안 받아서 빌려서 했다고 하자 대수롭지 않게 말했다. "풀어놓을게요." 나는 차단했다가 필요할 때 연결하는, 차단하고 싶은 엄마였다. 나의 쓸모는 거기까지라는 걸 아니 가슴 한편이 휑했다.

가끔 아들 말이 서운할 때가 있다. 전자기기를 쓸 때 새로운 기능을 쓰기 어려워 물으면 아들이 빙긋이 웃으며 "난 그런 박사 안 할라네"한다. 그 쉬운 걸 못 하냐는 거다. "난 심리학 박사라 그건 몰라" 하고 발을 빼 보지만 속이 상한다.

친구를 만나 각자 아들 흉을 본다. 아들놈 때문에 TV도 마음대로 못 보고 눈치를 본다는 친구. 엄마를 무시한다는 말이 오간다. "난 아들을 뱃속에 확~ 집어넣고 싶을 때가 있어" 하면 폭소가 터진다. "언니 아들은 좀 힘들 텐데" 하자 더 크게 웃는다. 엄마 전화를 차단하고 내일이 없는 것처럼 사는 아들을 보며 궁리한다.

　185센티 120킬로그램 저 녀석을 어떻게 다시 배 속에 넣을

꼬!

오늘도 나는 정리한다

"수술하시지요."

"약으로 안 될까요?"

약을 먹으며 2년을 버텼다. 몸에 칼을 대는 것이 무서웠다.
심전도검사, 혈액검사 등 여러 검사를 했다. 몸 여기저기에 기
계를 대니 더 아픈 것 같다. 새벽부터 깨웠다. 오늘 첫 수술이
다. 병실에서는 덤덤했는데 수술실로 가는 침대에 옮겨 누우
니 덜컥 겁이 났다. 복도의 불빛을 따라 어지럽게 밀려갔다.
"보호자는 여기서 기다리세요, 5시간 정도 걸릴 거예요"하고
문이 닫혔다.

가족과 수술실 앞에서 헤어졌다. '이제 혼자구나', '혼자 가
는 길이구나' 하는 생각이 들자 무서웠다. 혼자 누워있으니

'저 문을 열고 나갈 수 있을까? 목을 수술하는 건데 수술하다가 잘못되면 죽는 거 아냐?' 하는 불길한 생각도 들었다.

그때 떠오른 건 아들이었다. 다섯 살 아들이 눈에 밟혔다. 엄마 손길이 많이 필요한 아이였다. 퇴근하여 피곤한 몸을 누이고 있으면 "엄마 눈 펴, 눈 좀 펴봐" 하며 놀아달라고 했다. 화장실 갈 때도 엄마, 엄마 하며 따라오는 껌딱지. "핵 갈매기 ~ 핵 갈매기, 짝 잃은 핵 갈매기" 할머니가 부르는 백 갈매기를 따라부르는 귀여운 철부지. 유치원 장기자랑에서 백 갈매기로 웃음바다를 만들었다. 어린 것이 엄마 없이 어떡하냐는 마음이 들자 울컥했다. "환자분 우시면 안 돼요. 마음 편안하게 하세요" 하는 간호사의 소리에 울음을 삼켰다. 살아서 나가야지. 이리저리 머리를 굴리며 즐거웠던 일을 떠올렸다.

그러면서도 '내가 저 수술방을 나갈 수 있을까' 하는 마음이 자꾸 들었다. 인간이 하는 일이라 실수도 있고, 열어보니 더 나쁠 수 있고…. 분주히 움직이는 소리가 들렸다. 손목에 두른 이름을 확인하고 이름을 물었다.

"마취할 거예요. 하나, 둘, 셋 따라 해보세요."
"하나…"

몸 여기저기가 아팠다. 목, 허리 4번과 5번, 발바닥, 평소에 아팠던 곳들이 쑤시기 시작했다. "환자분, 환자분 눈 좀 떠보세요" 멀리서 들리던 소리가 커지며 깨어났다. 첫 수술은 두려움을 넘어 공포 그 자체였다.

두 번째는 덜 어려웠고, 세 번째와 네 번째는 더 어려웠지만 받아들였다. '암'이란 소리에 하늘이 무너진 것만 같았는데 나만 무너졌다. 단국대학병원 우수고객인 나는 주차장에서 동생에게 전화로 통곡했다. 왜 나에게만 이런 일이 일어나는 거냐고, 우리 가족 중 암 환자는 없는데 모든 가족력을 내가 쓰고 있다고.

그 이후로 나에게는 습관이 하나 생겼다. 바로 스스로에게 묻는 것이다. '죽기 전 하고 싶은 일이 뭘까?', '삶이 6개월 남았다면 무엇을 할까?' 첫 수술 때는 집에 와서 쉴 때를 대비해서 김치도 담그고 이불 빨래도 하고, 다시 못 올지도 모른다며 물건을 정리했다. 두 번째 수술부터는 보험증서를 화장대에 올려놓았다. 그 이후로 괜찮은 날들이 많은데도 아침에 집을 나서며 집 안을 말끔히 정리하고 돌아봤다. 아파서 다른 사람 손에 이끌려올 수도 있는데 집안이 어지럽혀져 있으면 민망할 것 같았다. 25년 동안 아무 일도 일어나지 않았다.

하지만 오늘도 정리한다. 나의 습관은 모임 30분 전 도착, 한 시간 전 출근, 가지런하게 정리 정돈된 책상, 기한을 넘기지 않는 업무처리, 학회비도 1월 첫째 주 납부, 자격 유지 교육도 1월에 끝낸다. 공과금 기한을 넘긴 적 없는 꼼꼼한 나의 습관들. 이렇게 적고 보니 갑갑한 인생이다.

영화 〈두 교황〉(2019)에는 고해성사하는 장면이 나온다. 너무 열심히 공부했고, 일을 너무 심각하게 다루었으며, 자기관리를 철저히 하느라 사람을 멀리했다는 대목에서 눈물이 툭 떨어진다. 흐트러져도 괜찮고, 퍼질러 앉아 있어도 되고, 약속 시간에 늦어도, 공과금을 연체해도 아무 일도 일어나지 않을 거다. 덜 심각하게 살아도 되고, 종종걸음치지 않아도 된다는 걸 안다. 습관이 무섭다. 호환 마마보다 호랑이보다 더 무섭다.

그녀가 있어 내 삶이 따뜻했다

"선생님 잘 계시지요?"

문자에 반가운 이름이 보인다. 망설이다 "네" 한 글자를 적
어 보낸다. 영숙 씨. 얼굴이 떠오른다. 몇 년 전 추석을 앞두고
농사지은 표고버섯을 들고 왔다. 직접 키운 농산물을 받은 건
처음이었다. 버섯은 신선하고 맛있었다. "실장님, 상담 잘하셨
나 봐요?"라는 물음에 '그런가?' 하는 마음이 살짝 들었지만
감사한 마음이 컸다.

정들었던 상담실은 암 진단을 받고 그만두었다. 수술하고
입원 중일 때, 박 팀장에게 전화가 왔다. 병문안을 오겠단다.
동갑으로 마음이 잘 통했고 살뜰히 챙겨주던 박 팀장이라 반
가웠다. "저 실장님, 미영이 엄마가 입원하셨단 이야기를 듣고

병원에 같이 가겠다고 하세요." 병원은 승용차로 한 시간 사십 분은 족히 되는 거리였다. 영숙 씨가 병실로 들어서는데 눈물이 핑 돌았다.

"어떻게 오셨어요?"
"선생님 아프신데 제가 당연히 와야지요."

이런저런 이야기를 나누다가 돌아갈 즘, 영숙 씨가 "선생님, 맛있는 거 사드시고 빨랑 나으세요" 하며 꼬깃꼬깃한 흰 봉투를 베개 밑에 밀어 넣고 황급히 병실을 나섰다. "참 고마우신 분이네. 우리 언니가 잘했나 봐." 영숙 씨의 순수한 마음이 느껴진 거다.

가족이 아닌 타인에게 받는 사랑이라 더욱 감사했다. 힘들고 지칠 때 그날의 고마운 마음을 꺼내 본다. 그렇게 난 상담자가 되어 갔다. '상담을 잘해야지, 정성껏 해야지', '참 보람있는 직업이네, 감사합니다'라는 말이 가슴속에서 몽글몽글 솟았다. 그 후로 두 번의 수술을 더 했고, 네 번의 이사를 했다. 추석과 설날 앞두고 주소를 묻는 문자가 온다. "선생님, 건강은 좀 어떠세요? 선생님 살고 계신 주소가 같나요?" 그러면 어김없이 영숙 씨의 설날 택배가 왔다. 표고버섯, 고구마말랭이, 염소즙, 녹용, 달팽이 화장품, 비타민 등 별별 것들이 다 들어 있다. 친정엄마가 보내주는 것처럼 몸에 좋은 것들이다. "아이고, 또 보내셨네. 나도 뭘 좀 보내야 하는 거 아니야. 맨날 이렇게 받아도 되나 몰라" 하는 마음이 든다.

택배에는 물건뿐 아니라 영숙 씨의 마음이 담겨있다. 잘 지내고 있다는 소식도 문자에 곁들여 보낸다. 어여쁜 영숙 씨의 선물을 받으면 마음이 몽글몽글해지며 눈물이 핑 돈다. 한해도 거르지 않고 십 년을 한결같이 선물이 왔다. 명절의 외로움도 덜었고, 그녀가 있어 내 삶이 따뜻해지고, 상담할 때 가장 행복하다.

영숙 씨가 사는 도시에 가서 전화를 걸어 안부를 물으면 "선생님, 보고 싶어요. 차 한잔하고 가세요" 한다. 영숙 씨와 만나면 두세 시간이 훌쩍 지나간다. 미영이가 공무원 시험공부를 시작했고, 큰딸이 결혼 날짜를 정했고, 시어머니를 요양원에 모셨고…. 가는 시간이 아쉽게 우리는 다음을 기약하며 헤어진다.

PART 2

상담할 때가 가장 행복합니다

빵 총각

빵 총각은 내 아들이다. 장손으로 집안 어른들과 가족들의 귀여움을 독차지했다. 학창 시절 공부를 잘했고, 반장도 했으며, 피아노도 잘 치고, 바둑에 재능이 있었다. 운동회에 할아버지와 할머니가 오실 정도로 사랑을 듬뿍 받았다.

유아기 때는 맞벌이 부모님 대신 양가 두 할머니가 낮에 돌봐줬다. 초등학교 2학년 때는 타지에 공장을 지은 아빠와 떨어져 엄마와 외가에서 살았다. 그리고 중학교 2학년 때부터는 부모님의 이혼으로 아빠와 살며 엄마는 명절에만 만날 수 있었다. 고등학교를 졸업하고 대학에 진학했지만 원하는 전공이 아니라 그만두었다. 군 입대를 했다가 아빠에게 간 이식을 하며 제대했다.

아들이 성인이 된 후 우울증으로 정신과 치료를 받던 중,

언제까지 부모님을 원망하며 살 거냐는 질문을 받았다고 했다. 그리고 "네 똥은 네가 치우고 살아" 이 한마디가 마음에 남았다고 했다.

그래서 아들은 단기로 보안 경비, 배달원, 회사원, 보험설계사, 카페 아르바이트를 하며 살았다. 아빠와도 자주 다투었고, 사람들과 관계가 어려웠다. 세상이 자신을 버린 것 같은 기분으로 '이렇게 살아야 할까?' 하는 원망이 있다고 했다.

20대 중반 때, 빵 총각과 엄마는 일주일에 한 번씩 석 달간 만났다. 방 청소도 같이하고 밥도 먹으며 시간을 보냈다. 빵 총각은 만나면 원망에 차서 화를 냈다. 차에서 뛰어내리기도 하고 욕을 했다. 하물며 엄마의 가슴이 무너지는 말을 내뱉기도 했다.

"나를 이렇게 만들었는데 미안한 것이 없어?"

사람과의 관계가 어려워 단기 아르바이트만 전전하던 빵 총각은 빵집에 취업했다. 할아버지는 빵 기술을 배우면 조그만 가게를 열어주겠고 약속하셨다. 빵 가게 사람들은 온순했고 일은 재미있다고 해서 마음을 놓았다. 여자친구도 사귀고 사람들과도 친분을 쌓아가고 있다. 그 모습을 지켜보던 빵 총각의 엄마는 아들의 온갖 짜증을 받았지만, 직접 운전해 출퇴근을 도울 정도로 좋아지리라는 희망을 버리지 못했다.

빵 총각은 세상에서 가장 어려운 내담자이자 가장 상담을 잘해주고 싶은 사람이다. 가장 까다롭고 질기고 힘든 내담자. 동생은 "언니가 강적을 만났네"라며 놀린다. 다른 상담자에게 보냈다가 1회기 만에 돌아온 적도 있다.

만약 내가 상담사가 아니었다면 매일 전쟁이 났을 거다. 가끔은 '한 때 가족이었던 남'이라고 생각한다. 자식 문제로 힘들어하며 찾아온 이들에게 했던 말들을 내 삶에 적용해 본다. "그들에게 내가 하기 힘든 말을 했구나!" 돌아보니 부끄럽다. 이런 관계를 이중관계라고 한다. 자식을 상담할 순 없는 거다.

안녕하세요, 교수님

대학원생에게 수업 시작 전 잠시 보고 싶다고 연락이 왔다. 줌으로 수업 중이라고 하자, 주고 싶은 물건이 있으니 주소를 알려달라고 했다. 통화 이후 곱게 적은 편지가 택배와 같이 왔다.

안녕하세요, 교수님

몇 번의 고비가 있었지만 다 지나갔네요. 버텨내는 순간들에 교수님의 격려와 위로가 크게 자리했습니다. 제게 교수님은 떠올리는 것만으로도 미소와 환한 에너지가 생기게 합니다. 수업 중 자신을 위해 하는 것을 이야기하던 시간 절 위해 하는 것을 찾지 못해 많이 당황했고 조금은 슬펐던 생각이 납니다. 앞으로 해보려고 하는 것을 말하며 '명화 그리기'를 이야기했을 때 교수님도 해보고 싶은 것 중 하나라고 하신 이후 교수님께 꼭 선물하고 싶었습니다. 그 후 보내드릴 방법을 찾다가 아무것도 아닌데 괜히 수업 듣는 학생이 드리는 것을 불편해하실까 하는 것이 걸려 중단했었는데 기회가 생겼습니다.

어떤 내용을 선택할까 고민하며 메신저 사진으로 정보수집(반려견 사진이 있다거나 꽃, 음식 등이 있으면 팁을 얻을 수 있을 것 같아) 하려던 시도 실패! 그러다 보편적인 시각으로 생각하기로 했어요. 숙면이 어려운 (갱년기??) 좋은 잠에 도움이 된다는 '드림캐쳐'(명화 그리기에서 쉽게 찾지 못했던 주제예요), 부를 부른다고 호의를 가지게 하는 '해바라기'를 골랐습니다. 사이즈도 고민을 많이 했고…. 변변찮지만 마음을 듬뿍 담았음을 말씀드리고 싶어서….

낯선 길(도심 운전이 무서워요) 늦은 시간 밤 운전하고 다녀야 하는 수업이 부담스럽고 걱정스러울 때마다 대면 수업의 장점에 집중하려 하고 있는데, 이 일도 (이렇게 드리게 된) 그중 하나가 아닐까 합니다. 덕분에 참으로 오랜만에 문구점에 들러 하트 뿅뿅 편지지도 사고, 손 편지도 쓰며 소소한 행복을 느낍니다. 공부 시작한 것을 매번 후회하지만 좋은 인연에는 깊이 감사하고 있습니다. 항상 건강하시고 기쁨 가득한 날 되시길 기원합니다.

2022년 9월 전** 올림.

드라마 〈슬기로운 의사생활〉에서 익준이 지친 송화에게 묻는다. "너는 너 자신에게 무얼 해줘?" 송화가 대답한다. "내가 좋아하는 캠핑 장비를 사." 그리고 송화가 되묻자 익준은 답한다. "난 내가 좋아하는 너하고 지금처럼 차 마시고 이야기해." 참 어여쁜 사랑 멘트다.

이 장면을 보고 떠오른 생각에 눈물이 고였다. "너는 너 자신을 위해 무얼 해주고 있니?" 나는 나를 위해 무얼 해주고 있을까, 다시 말해 '무슨 낙에 사니?' 였는데 나는 답을 못했다. 하루하루 주어진 일정을 소화하느라 꾸역꾸역 살고 있었다.

강의 시간에 학생들에게 같은 질문을 했다. 일과 학업, 가정생활에 지쳐가는 대학원생들의 생각이 궁금했고, 그들과 깜짝 선물 같은 시간을 나누고 싶었다. "친구와 저녁에 걸어요. 좋아하는 음식 먹어요" 하며 자신만의 비타민을 쏟아냈다. 괜한 걱정을 했던 거다. 나름대로 잘하고 있는 모습이 대견했다.

대학원생 대부분이 이야기를 잘하는 교사들이지만 나서는 것을 좋아하지 않았다. 누군가를 가르치는 일을 하고 있어서 그런지 정답을 이야기해야 한다는 불안이 상대적으로 높다. 그래서 자발적으로 하는 것보다 출석부 순서로 호명하는 것을 선호한다. 편지를 보낸 학생은 당시 뒷번호여서 다른 사람이 발표하는 동안 표정이 밝지 않았다.

나는 중학생 때 그림 그리기를 좋아했다. 담임 선생님은 미술 과목을 담당하셨는데 순박한 여중생의 눈에는 멋진 남자로 보였다. 가정방문을 하러 집으로 가는 논둑길에서 선생님 뒤를 따르는데 부끄럽기도 하고 설레기도 했다. 넉넉하지 않은 살림을 부드러운 눈으로 보시고 열심히 공부하라고 토닥여 주셨던 따스한 손길을 잊을 수가 없다.

미술 시간에 자기 손을 드로잉 했는데 힘이 있고 잘 그린다며 미술반에 들어오라고 했다. 칭찬도 감사하고 그리고 싶은 그림을 그릴 수 있다는 기쁨에 고개를 끄덕였다. 미술실에서 하얀 석고의 비너스, 아그리파 두상을 목탄으로 그리면 사각사각 소리가 "행복해, 즐거워"로 들렸다. 스케치북과 목탄을 사야 했다.

환쟁이는 밥 벌어 먹고 살기 힘드니 공부나 하라며 손사래를 치시는 부모님 덕에 미술실 근처는 가지도 않았다. 하지만 마음속 불씨는 늘 남아서 불꽃을 내밀었다가 사그라졌다가를 반복했다. 여행을 가면 미술관에 기웃거렸고, 주말에 시간이

나면 전시가 있나 살펴보곤 했다. 살면서 해보고 싶은 일 중 하나가 그림 그리기다. 다른 하나는 댄스. 강의 시간에 학생들이 발표하는데 그리기라는 단어에 낯빛을 물들이고 반가운 목소리로 반응을 했을 거다.

상담 강의에서 이런 일을 나는 얻어걸렸다고 한다. 교수가가 훌륭해서가 아니라 배우는 사람의 마음에 있으니 변화가 일어난 거다. 그래서 고맙고도 고맙다. 주지 않아도 받아 가고 다 주어도 한 사람이 받아 가니, 받아도 표현하지 않고 있는 사람도 있을 거다.

그리 살아주어 고맙다. 이럴 때 말 한마디 한마디를 정성껏 해야지 하는 다독임과 흐뭇함이 생긴다. 이번 학기는 어떤 학생들이 올지 기대된다. 종강은 즐겁고 개강은 설렌다.

살면서 가장 힘들었던 일

상담실에는 마음이 힘들거나 우울하다며 오는 사람도 있지만, 자신의 성격이 궁금하다거나 진로 검사를 받고 싶다며 오는 경우가 있다. 심리검사 결과를 해석하는 과정에서 자신의 어려움이 자연스럽게 나온다. 그래서 심리검사는 검사 결과뿐 아니라 내담자를 이해하는 측면에서 해석이 중요하다.

평소 밝게 웃던 하은 씨는 자신의 성격을 알고 싶어 MBTI 검사를 받고 싶다고 했다. 검사 결과 INTJ였다. INTJ 유형은 독창적이고 내적 신념이 강해 16가지 유형 중 가장 독립적이고 단호한 성격이다. 하은 씨의 평소 발랄한 모습과 상반된 결과였다. 하은 씨의 상담신청서를 보니 대졸이라고 쓰여 있었다. 이 유형들은 깊이 있는 공부를 선호한다. 그래서 공부를 더 하고 싶지 않냐고 물었다. 하은 씨는 영어 영문과를 졸업했고, 외국에서 가서 공부하고 싶은데 못하고 있다며 말을 돌렸다.

남자친구 이야기, 대학 다닌 이야기를 하며 평범한 가정에서 밝게 자랐다고 했다. 하은이, 예은이, 요셉이, 요한이라는 이름은 부모님이 독실한 기독교인인 경우가 많아 이름에 관해 물었더니 아니라고 했다. 하은 씨는 유학 갈 돈을 마련하기 위해 열심히 저축하고 있었다. 석사 공부를 마치면 지금보다 더 좋은 직장에 취업할 수 있다며 눈을 반짝였다. 이런저런 이야기를 하다가 자기 나이 또래보다 힘들게 고생하며 살아왔다고 말했다. 천진하게 밝은 하은 씨의 모습과는 달라 의외여서 힘든 일이 있는지 물었다. "아주 많아요." 상담 시간이 20분 정도 남아있었다.

"살면서 가장 힘들었던 것 하나만 이야기해 볼래요?"

말이 끝나기도 전에 하은 씨의 눈이 빨개지며 눈물이 고였다. 고인 눈물은 떨어지지 않고 다시 도로 들어갔다. 하은 씨는 눈물이 떨어질 듯 말 듯 한 눈망울로 1분 정도 그대로 있었다. 나는 묵묵히 바라보기만 했다.

눈으로 말하던 1분이 지나갔다. 하은 씨가 저렇게 망설이는 데는 이유가 있을 것 같았다. 말하기 어려운 일이라는 것을 직감하여 힘들면 말하지 않아도 된다고 했다. 하은 씨는 한참을 망설이다가 "저… 보육원에서 자랐어요"라고 했다. 그 한마디에 하은 씨의 고단한 삶이 느껴졌다. 하은 씨의 눈을 바라보는데 어느새 내 눈에도 눈물이 고여있었다.

"선생님 아시지요. 거기가 어떤 곳인지. 도와주는 사람도 우리를 힘들게 해요. 단체 생활해야 하잖아요. 많이 힘들었어요. 이젠 제힘으로 돈 벌 수 있어서 좋아요. 그런데 지금 어려운 건 가끔 아빠를 만나는데 대기업 다니니 저보고 밥값을 내라고 하세요."

"예쁘게 잘 컸네, 많이 힘들었을 텐데."

하은 씨의 눈에서 눈물이 볼을 타고 내렸다. 하은 씨의 눈을 바라보는데 어른으로 미안하고 부끄러웠다. 하은 씨가 어떤 이유로 보육원에서 자랐는지 묻지 않았다. 보육원에서 자랐다고 하여 부모님이 안 계신 것도 아니다. 부모가 맡기고 찾아오지 않으면 아이는 자라며 모든 걸 혼자 감내해야만 한다.

교정 시설에 오는 청소년 중 부모나 환경 탓을 하는 경우를 보게 된다. 하은 씨가 참아야 했던 일들이 떠올라 마음이 짠했다.

어떻게 살지 삶은 순간순간 자신의 선택이고 그 책임도 자신에게 있다. 진흙에서도 연꽃이 피어나듯 자신의 삶을 아름답게 피워내는 모습을 보면 눈물겹도록 감동스럽다. 내 눈에 스물네 살의 하은 씨가 그랬다. 힘겹게 살아온 자신의 삶을 당당히 드러내고 그 아픔을 지닌 채 앞으로 나아가는 모습이 아름다웠다. 본가 주소를 보육원으로 쓰고, 명절에도 보육원으로 간다고 했다. 친구들의 편견으로 상처받고 사회에서 불쌍한 눈으로 자신을 바라보는 시선, 그 모든 걸 견디며 자기만의 삶을 향해 나아가는 모습이 어여쁘다.

그날 이후 하은 씨가 눈에 밟혔다. 유학 가고 싶은데 돈이 모자란다는 말이 떠올라 순간 도와줄 테니 유학 가서 꿈을 이루라는 말을 할 뻔했다. 지인과 통화하다가도 후원할 수 있냐고 묻기도 했다. 도와주고 싶으나 할 수 있는 것이 없었다. 자신이 원하는 것을 할 수 있다고 꼭 꿈을 이루라고 응원하는 것밖에.

그 후로 상담실에 발길을 끊었던 하은 씨가 1년이 지난 어느 날 작은 화분을 가슴에 안고 상담실에 왔다. 다음 달에 영국으로 유학 간다며 환하게 웃었다. 몇 년 후 자신이 원하는 자리에 당당히 서 있을 그녀를 생각하면 입가에 미소가 절로 번진다. 자신의 어려움을 뛰어넘어 한 걸음 한 걸음 나아가는 모습에 박수를 보낸다.

하은 씨, 화이팅!

애들이 우리 미영이를 싫어해요

초등학생 자녀를 둔 엄마가 상담실에 왔다. 상담이 시작되며 꺼낸 첫마디가 기억에 남는다.

"학교 애들이 우리 미영이를 싫어해요. 유치원 때부터 왕따예요."

5학년인 미영이는 전교생이 100명 남짓한 시골 마을에 있는 학교에 다녔다. 작은 학교는 한번 왕따로 낙인찍히면 졸업할 때까지 왕따가 된다. 학교가 작으면 형제자매가 모두 한곳에 다니기 때문에 거의 다 아는 사이다. 미영이는 학교가 끝나도 친구가 없어 엄마나 언니하고만 논다.

7년을 그렇게 지냈으니 어린 마음이 얼마나 아팠을까 마음이 아렸다. 미영이의 첫인상은 키가 큰 예쁜 여학생이었다. 미영이는 야무지게 말했다.

"애들은 선생님이 계실 때는 잘해주다가 선생님이 나가시면 저를 투명 인간 취급해요."

미영이는 애들이 자신을 왜 싫어하는지 모른다며 억울해했다. HTP(집-나무-사람 검사House-Tree-Person Test, 투사검사로 그림을 통하여 마음을 살펴볼 수 있는 검사)를 보니 눈 감은 여자아이가 손을 뒤로 감추고 있었다. 이런 경우 친구들과는 어떻게 지내고, 가족들과는 어떻게 지내는지 묻는다. 관계는 패턴이 있기 때문이다.

미영이 엄마는 미영이가 친구에게 주려고 문구점 물건에 손을 댄 것이 충격이라고 했다. 그러면서 아이의 도벽과 학교 적응을 도와달라고 했다. 미영이는 연극을 하고 싶어 했다. 주인공이 되어 다른 사람에게 주목받고 싶다고 했다.

그런 미영이를 위해 상담에서 우선 고려하는 것은 전학이다. 작은 학교는 왕따가 반복되기 때문이다. 학교 규모가 크면 같은 반 친구랑 못 사귀면 다른 반 친구를 만나 놀거나 학원

친구를 사귀면 된다. 미영이는 열 학급이 넘는 큰 학교로 전학했다.

2년간 상담을 받으며 미영이는 친구도 사귀고 중학교와 고등학교에 진학했다. 그러면서 미영이를 데리고 상담실에 오는 미영이 엄마(영숙 씨)와 자연히 친숙해졌다. 그러던 어느 날 미영이 엄마에게 다급한 전화가 왔다. 미영이 엄마는 시어머니를 모시고 자매를 키우며 농사일을 도우며 살고 있었다. 남편은 술을 좋아하고 집에서 대화가 없어 밖으로 돌았다. 이날은 부부싸움을 하다가 술에 취해 화가 난 남편이 부엌에서 칼을 들었고, 큰딸이 112에 신고하여 경찰이 다녀갔다고 했다.

그 일이 있고 난 뒤 미영이 엄마는 미영이를 데리고 방을 구해 집을 나왔다. 칼을 드는 남편이 무서워서 같이 살 수 없다며 이혼하고 싶어 했다. 미영이 엄마는 이혼서류를 작성하여 법원에 갔는데 아이들 생각이 나서 돌아왔다고 했다. 딸들 결혼할 때도 걱정이지만 남편과 떨어져 지내니 이혼을 안 해도 살 것 같다고 했다.

미영이 엄마와 가끔 안부 문자를 주고받다가 만났다. 미영이 엄마는 만나자마자 반가운 소식을 전했다.

"우리 큰애가 경찰 시험에 합격했어요."
"무용을 전공한 큰딸이… 경찰이요?"

놀랍고도 반가웠다. 딸은 올해 가을 같은 직장에 근무하는 동기와 결혼할 예정이라고 했다. 아빠를 신고했던 큰딸이 왜 경찰이 되려고 했는지 묻지 않았지만 대견하다. 미영이는 대학생이 되어 만났는데 키가 훌쩍 더 컸고 어여쁜 아가씨가 되어 있었다. 하지만 미영이는 지금도 친구 문제가 있어 힘들다고 했다. 미영이가 초등학생처럼 조잘조잘 친구 이야기를 하니, 미영이 엄마가 "선생님, 미영이 때문에 미치겠어요" 하며 눈을 흘겼다.

자기 삶보다 딸의 앞날을 생각하며 묵묵히 세월을 보낸 미영이 엄마를 보며 나 자신을 돌아보게 된다. '나도 아들을 위해 이혼하지 말고 참고 살았어야 했을까' 하는 생각이 잠깐 들었으나 이내 각자의 선택이 있지 하며 마음을 다독여 본다.

저 요즘 사는 게 재미있어요

"불안이 몰려와 잠이 안 와요."

민수 씨를 만난 건 지난해 여름이 시작될 무렵이다. 12년 동안 자신을 탓하며 고립되어 살았다고 했다. 부모님 사이가 안 좋아서 늘 불안했고, 그래서 어린 시절 사랑을 못 받고 자랐다고 했다. 좋은 아들이 되고 싶어 두 분 사이를 오가다 지쳤고, 숨 쉴 틈 없이 살았다고 했다. 고집 센 아버지를 참고 사느라 어머니도 병이 날 지경이라고 했다. 4년 전, 결혼까지 생각하며 5년을 사귀던 여자친구와 헤어지면서 불안이 심해졌다.

민수 씨는 첫날 머뭇거리다가 "저… 백반증이에요" 하며 손을 내보였다. 얼굴은 괜찮고, 손과 몸이 심하다고 했다. 아직

파릇한 청춘에게 백반증이라니 하늘도 무심하다는 생각이 스쳤다. 하지만 순간 대기업에 다녀서 직장 튼튼하고, 스스로 모아서 32평 아파트도 장만했는데 하는 생각이 들었다. 부모님 사랑을 충분히 못 받았다는 말이 안쓰러웠으나, 직장 생활하며 성실하게 자신의 삶을 살아가는 모습이 대견했다.

마음 착한 민수 씨는 상담실에 올 때, 더운 날은 시원한 음료수를 겨울에는 따끈한 군고구마 한 개를 가슴에 품고 온다. 그냥 오라고 해도 민수 씨는 이런 말을 덧붙인다.

"선생님이 저에게 얼마나 귀한 걸 주시는데요. 상담하시려면 오후에 당 떨어지잖아요."

"오늘도 돈으로 환산할 수 없는 걸 주셔서 감사해요."

그런 어느 날 민수 씨가 점심시간에 잠깐 들르겠다고 했다. 민수 씨 손에 작은 상자가 들려 있었다. 열어보니 대봉감 네 알이었다. 주말에 사촌 형과 감을 땄는데 내 생각이 났다고 했다. 어찌 그런 마음을 내는지 감동이었다. 주위에 어른이 없어 어려운 일이 있을 때나 답답할 때 이야기할 곳이 없었는데 선생님을 만나서 너무 좋다고 했다.

대봉감이 홍시가 되려면 기다려야 했다. 며칠 지나 상자를 열어보니 대봉감 꼭지에 곰팡이가 보였다. 놀라서 접시에 내어놓고, 며칠 지나니 껍질이 쪼글쪼글해졌다. 홍시 반, 떫은맛 반인데 내가 먹어본 감 중 제일 맛있었다.

"선생님, 저 요즘 좋은 일이 많아요. 사는 게 재미있어요"

친구에게 여자를 소개받았다며 싱글벙글한다. 여자친구와 매일 통화도 하고 주말에 만난다며 신난 모습을 보니 덩달아 좋았다. 상담보다 정신과 약보다 센 약발은 여자친구였다. 몇 달 전 미용실 원장님이 민수 씨에게 이혼한 여자를 소개해 준다고 했는데 거절했다. 이혼한 것도 걸리고 여자를 만나기도 두렵다고 했다. 나는 당장 결혼할 것도 아니고 연애할 건데 이혼했더라도 만나보라고 권했다. 다음날 미용실 원장님께 갔더니 다른 사람에게 소개했다는 말을 듣고 아쉬워했었다. 그런 민수 씨가 연애를 한다니 놀라운 변화였다.

놀라운 변화 덕이었을까? 민수 씨가 회사 표어 공모에서 2등을 해서 상금 30만 원을 탔다. 축하의 말과 함께 주변 반응에 관해 물었다.

"동료들은 부러운지 아무 말 안 하고 부모님은 반응이 없어요."

어찌 이런 일이 있나 하는 안타까운 마음에 "축하 밥도 못 먹었겠네, 내가 사줄게요" 했다. 내담자와 상담실 밖에서 만나지 않는데 나도 모르게 말을 해버렸다.

다음날 민수 씨가 좋아하는 삼계탕을 먹었다. 커피도 마시며 즐거운 이야기를 나누고 돌아서려는데 민수 씨가 주춤주춤하더니 쇼핑백을 건넸다. 꽃차였다. 내게 주고 싶어 상금으로 산 것이었다. 맛도 향도 마음씨 고운 민수 씨를 닮아있었다.

크리스마스가 다가오자 민수 씨가 생각나서 책을 한 권 사서 예쁜 상자에 담아 선물했다. 정신과 의사가 40대에 파킨슨병을 견디며 살아가는 내용이었다. 책을 읽은 민수 씨는 이런 이야기를 했다. "선생님, 그 책을 읽으면서 제 아픔이 작게 느껴졌어요. 아껴서 읽고 있어요." 아낄 게 따로 있지 하면서도 다른 이의 아픔에서 자신을 발견한 것에 놀랐다.

며칠 후 사귀던 여자친구와 연락이 끊겼다고 했다. 고개를 떨구고 우울해할 줄 알았는데 민수 씨의 대답은 놀라웠다. "선생님 이제 이런 일로 힘들지 않아요. 친구들도 자주 만나고, 집도 있으니 이렇게 살아도 괜찮을 것 같아요." 몇 달 전 만 해도 우울과 불안으로 헤매던 민수 씨였다.

이후로 민수 씨에게 운동가면 시작할 때와 끝날 때 문자하라는 과제를 내줬다. 민수 씨가 "선생님, 저 운동하러 왔어요" 하고 보내오면 나는 답장으로 엄지척을 보냈다. 상담자의 과제를 모든 내담자가 실천하지 않는다. 과제를 주지만 실천은 내담자 몫이고, 결과도 그들 것이다. 그들이 한 거다.

몇 주 동안 민수 씨를 못 보았다. 잔업이 많고, 집들이하느라고 바빠서 못 온다고 했다. 안 와도 괜찮으니 잘 지내고 행복했으면 좋겠다. 자식에게 보내는 엄마의 마음이 들었다.

억울합니다

"어떻게 오셨어요?"

"인성 교육 왔습니다."

교도소 입구의 차단기가 올라간다. 은행나무가 병정처럼 서 있는 길을 따라가면 주차장이 나온다. 비스듬한 비탈길에 차를 세우고 출입문을 향해 걷는다. 교도관이 작은 창으로 얼굴을 확인하면 철커덩하고 철문이 열린다. 미리 출입 신청을 해야 들어갈 수 있다. 신분증과 휴대 전화를 맡기고 방문증을 받는다.

지금부터 내 이름은 방문자다. 방문자는 교도관의 뒤를 따라야 한다. 반발 뒤에 붙어 걷는다. 무슨 일이 생길지 몰라 문을 열 때도 뒤에 섰다가 바로 들어간다. 첫날은 자동문이 빨리

닫히는 바람에 끼일 뻔했다. 비밀번호를 누르는 곳도 있고 열쇠로 열기도 한다. 교도관의 허리춤에는 여러 개의 열쇠가 있다. 대여섯 개의 문을 통과하여 강의실로 들어선다. 이곳에서는 내 의지로 오갈 수 없고 혼자 다닐 수 없다. 그저 묵묵히 따를 뿐이다.

오전 강의를 마친 후 점심시간에는 인상 좋은 교도관의 안내에 따라 식사를 하고 교도소 주변을 산책한다. 높은 담벼락 뾰족한 철망 사이로 매화가 향을 피우고, 냉이가 꽃을 내밀었다. 교도관 숙소 옆 텃밭에는 상추와 고추가 소담스럽게 자란다. 담 하나를 두고 공기가 다르다. 쇠창살과 철문 여닫는 철커덩 쇳소리가 차갑고, 문틈 사이 바람이 매서웠다. 봄인데 말이다.

이맘때쯤이면 한 제소자의 어머니 이야기가 생각난다. 아들이 교도소에 간 후에 춥게 지낼 것이 마음에 걸려 방에 불을 넣지 않고 지낸 어머니. 그 말을 들은 아들은 눈물이 하염없이 났다고 했다. 그는 어머니께 이곳도 보일러 틀어주어 따뜻하니 불 넣고 주무시라고 했다며 울먹였다.

교도소에 에어컨은 없어도 보일러는 따뜻하게 틀어준다는

걸 나도 그때 알았다. 교육장에는 에어컨이 있어 무더울 때 교육을 하면 반응이 좋았다. 교육이 일주일에 두 번 있는데 더 자주 하고 싶어 할 정도였다. 교도소의 더위는 언 물병에 선풍기로 버텨야 하니 옆 사람도 미워진다는 말이 사실이었다.

교도소에 처음 간 날은 태연한 척했으나, 문이 여닫힐 때 머리가 쭈뼛 솟아 뒷걸음질 쳐졌다. 푸른 옷에 흰 운동화를 신고, 가슴에 번호가 적힌 수감자를 만나면 나도 모르게 두려웠다. 이런 마음을 들키고 싶지 않았는데 그들은 아마 알았을 거다.

교도소에 간다고 하면 지인들은 무섭지 않냐고 묻는다. 산속 외딴집에 있을 때나 어두운 밤길을 가야 할 때처럼 무서웠다. 그럴 때는 허세를 부려본다. "착하게 살았잖아. 그래도 무슨 일이 있다면 그건 받아들여야 하는 거야. 달라는 돈 주고 목숨만 살려달라고 해보지 뭐." 이렇게 마음을 먹으면 용기가 생긴다.

교도소에는 살인, 강간, 강도, 폭력 등 무서운 죄명들이 즐비했다. 어느 날 쉬는 시간에 차를 마시려고 음수대에 갔다. 제소자가 믹스커피를 타고 있었다. 나를 보더니 드시라고 종이 컵을 건네는데 손을 떨고 있었다. 왜 그러시냐고 물으니 강사님이 불편하실까 봐 긴장했다고 했다. 괜찮다고 했더니 멋쩍게 웃었다. 나만 두려운 게 아니었다.

'죄와 사람을 분리해서 생각해야 만날 수 있다.' 교도소에 가면서 든 생각이다. 제소자들은 억울하다고 한다. 그들의 입장에서는 그럴 수 있다. MBTI 성격유형검사를 하자고 하면 처음이라고 하며 흥미로워한다. 자신을 알아가는 즐거움으로 떠들썩하다. 방에 가져가서 다른 사람들에게 가르쳐줬다며 신나했다.

교육 중에 한 제소자가 불평했다. "밖에서 일하면 일당을 몇만 원 받는데 여기는 몇천 원밖에 안 줘요." 순간 나는 "이곳에서 일하는데 돈을 줘요?"라고 물었다. 밥도 주고 잠도 재워주고 기능도 알려주는데 왜 돈을 받는지 의아했다. 몇 명은 당황했고 몇 명은 그렇지 하는 표정이었다. 영치금이 없는 사람은 여기서 일해 번 돈으로 간식도 사 먹고 필요한 물품을 구매한다고 했다. 이 안에서도 영치금으로 수형 생활의 질이 달라진다는 게 서글펐다.

교육하다 보면 글을 읽지 못하는 사람도 있고, 주장이 강하여 다른 사람의 말을 듣지 않는 사람도 있다. 판사가 자기 말을 들어주지 않아 억울하고, 비싼 변호사를 샀으면 안 들어왔을 거란다. 자신보다 더 잘못 한 놈들이 많은데 재수 없이 걸려서 억울하다고도 한다.

프로그램 마지막에는 소감 나누기를 한다. 몇 사람은 자신이 알게 된 것을 말하는데 감동적일 때가 있다. 몇 사람은 눈빛이 흔들린다. 그걸로 되었다. 열 명 중 한두 명이라도 자신을 찾아갔으면 하는 바람이다.

얼마의 기간을 거친 교육 마지막 날 헤어질 때 악수하며 눈을 맞춘다. "이곳에서 같은 이유로 보지 않았으면 합니다." 잘 살아가라는 마음을 담아 따스한 손을 건넨다. 악수하는 그 순간 우리가 된다. "잘 살아주세요." 마지막 말을 남기고 굳게 잠긴 철문을 나선다. 방문증을 건네고 휴대 전화의 전원을 켜며 "출소합니다"를 외친다.

휴대 전화 안에는 메신저 1, 문자, 부재중 전화가 갇혀있다. "억울합니다. 우린 억울해요"라는 말이 귓전을 때린다. 그들을 별칭으로 기억한다. 저승사자님, 자유님은 어떻게 사실까? 자유롭게 사는 사람은 자유를 모른다. 통행의 자유를 제한하는 곳에 하루라도 다녀오니 어디든 갈 수 있는 자유가 달다.

살다 보면 억울할 때가 있다. 내가 잘못한 것이 없는데 왜 이렇게 살아야 하냐며 팔자타령을 한다. 몸도 마음도 영혼도 아파 손 하나 까딱하기 싫은 날 그들의 말을 꺼내 본다.

"세상이 공평하지 않아 억울합니다."

베트남에서 왔어요

작은언니는 미국에 유학 갔다가 대학원에서 형부를 만나 결혼했다. 3~4년에 한 번 친정에 오면 엄마가 속삭이듯 작은 소리로 말씀하셨다.

"순선아, 저녁에 해지면 서울 언니네 집으로 가거라."

같은 빌라에 사는 친한 친구가 집에 올까 봐 그러시는 거였다. 엄마는 친구들이 둘째는 어떻게 지내냐고 하면 "우리 딸하고 마 서방은 잘 지내지"라고 답하셨다. 형부는 아일랜드계 미국인으로 이름은 마이클이다. 엄마의 재치에 웃음이 났다. 엄마에게 외국인 사위는 말하기 힘든 모양이었다.

얼마 전 알게 된 이야기인데, 작은언니 시어머니는 인종차별이 심해서 언니를 몹시 못마땅해했다. 어느 날 형부와 시아버지가 거실에서 바둑을 두고 있을 때, 언니와 시어머니가 주방에서 음식을 만들고 있었다. 그런데 시어머니가 언니에게 이런 것도 못 하냐, 집에서 뭘 배웠냐 하시는데 언니는 묵묵히 듣고 있었다. 아르바이트하며 공부하느라 타국에서 힘들게 지내던 언니에게 형부는 자신의 인생을 바꿔준 고마운 사람이었다. 그래서 언니는 그저 참고 듣고 있었을 것이다.

그때 시아버지가 형부에게 "마이클, 아내가 엄마에게 저렇게 당하고 있는데 가만히 있는 건 남편이 아니야"라고 하자 형부가 나섰다. "어머니 내 아내에게 그렇게 대하면 집에 오지 않겠어요." 그대로 언니는 형부 손에 이끌려 집에 갔고 그 후로 시어머니는 심하게 하지 않으셨고 했다.

작은언니의 미국 시집살이 이야기를 들으며 힘들단 말 한마디 없이 혼자서 겪었을 생각을 하니 안쓰러웠다. 가족 없이 만리타국에서 얼마나 외로웠을까. 마음씨 착하고 배려심 많던 언니라 찍소리 못하고 당했을 게 불을 보듯 뻔했다.

더불어 한 번도 뵙지 못한 이국의 바깥사돈이 존경스러웠다. 형부를 보면 '그 아버지에 그 아들이구나' 하는 마음이 든다. 자주 만나지 못하고 말도 통하지 않는 형부다. 내가 본 형부는 신사로 언니가 하는 일에 타박 없이 오케이를 한다. 절에 가는 걸 좋아하고 태권도와 김치를 좋아해서 전생에 한국인이었을 거라며 경주에 가면 신나 한다.

작은언니뿐 아니라 요즘은 다문화 가정이 보편화되고 있다. 외국에서 시집온 여성은 한국어를 배워 통역하는 사람도 있고, 여전히 한국말이 서툰 경우도 종종 있다. 말이 통하면 일도 하고 남편과 소통이 되고 생활 적응이 빠르다.

어느 날 한국으로 시집온 베트남 여성이 도움을 청해 집을 방문했다. 언어가 안 통하여 가정폭력을 당하고도 참고 살고 있었다. 남편은 나이가 스무 살 정도 많았고 아이가 둘이었다. 남편은 매일 술을 마시고 일을 안 한다고 했다.

시어머니는 며느리가 여름에도 따뜻한 물로 매일 목욕한다며 혀를 차셨다. 또 전기세가 아까워 세탁기를 안 쓰고, 며느리에게 손빨래를 시킨다고 했다. 게다가 며느리가 청소도 안 하고 게으르다는 잔소리까지. 부지런하고 깔끔한 시어머니가 나이 많은 아들을 결혼시켜 며느리를 보시니 답답한 점이 한둘이 아니었던 거다. 이들뿐 아니라 다문화 가정 내의 갈등은 서로 살던 환경이 달라서 벌어지는 일이다. 베트남 여성이 나에게 물었다.

"우리 집은 TV에 나온 집하고 너무 달라서 힘들어요. 선생님 집은 어때요?"
"저도 TV에 나오는 것처럼 살지 않아요. 제가 밥도 하고 빨래도 해요."

한국 드라마를 보며 한국 생활을 꿈꾸었을 새댁을 생각하니, 결혼에 대한 환상을 가졌던 과거의 내가 떠올랐다. 드라마는 그냥 드라마다.

베트남 새댁의 남편은 다리가 아픈지 움직이지 못한다. 이불을 펴 놓은 방이 옹색하다. 시골 할머니 집 안방처럼 이름 모를 약봉지가 수북하고, 먹다 남은 과자와 박카스 병이 널브러져 있다.

시어머니는 어수선한 방을 대충 정리하고 방석을 내어 주셨다. 남편이 "커피 드릴까요?" 하며 믹스커피를 들어 보였다.

자신이 마실 커피를 타는지 꼬질꼬질하게 물때가 낀 잔에 물을 붓고 있었다. "커피밖에 드릴 게 없어요." 얼룩이 묻은 잔에 커피 한 봉지를 털어 넣고 팔팔 끓는 물을 붓고 믹스 봉지로 휘휘 저었다.

이런 상황은 피하고 싶다. 이럴 때 거절하면 상담이고 뭐고 안 될 것 같아 태연하게 두 손으로 컵을 받았다. 슬쩍 옆에 밀어 놓고 이야기를 시작하려고 할 때 "드세요" 하며 잔을 들어 보였다. 마시지 않으려다 들켰는데 방법이 떠오르지 않았다. 평소 청결에 예민한 편이었다. 같이 온 소장님이 이런 걸 아시는지라 난처한 표정으로 보고 계셨다. 눈치를 보아가며 한 모금 넘겼는데 맛이 괜찮았다. 그렇게 무사히 상담을 시작했다.

남편 상담을 잘해야 베트남 아내가 한국어 공부를 하기 위해 외출할 수 있다. 남편에게 설명하고 시어머니에게 베트남은 더운 나라여서 매일 샤워를 한다고 알려드렸다. 젊은 사람들은 손빨래를 안 해봐서 못한다는 이야기와 "저도 못하는 걸요" 했더니 이해하시는 눈치였다.

상담을 마치고 나오는데 소장님이 커피 맛에 대해 말했다. "컵이 더러워 좀 그랬는데 맛있던데요." 사실 나도 그랬다. 가끔 소장님과 그때 이야기를 하며 웃는다. 새댁이 한국어를 배워 직장에 다니며 적응하고 있다는 소식을 들으니 흐뭇했다.

결혼 후 살아온 환경이 달라 갈등을 겪는 부부를 자주 만나게 된다. 친정에서는 이렇게 했는데 시댁은 너무 다르다고 한다. 사는 모습은 '다른 것이 당연하고, 맞으면 감사한 것'이라고 하면 의아해한다. 부부가 살아가는데 곁에 있는 어른들의 지지가 있으면 든든하다.

아내들이 하는 말 중 "나한테는 안 해도 되니까 애들한테나 잘해"라는 의미는, 나에게 잘해주면 좋겠는데 안 되면 아이들에게라도 잘해주라는 이야기지 나한테는 잘하지 말라는 말이 아니다. 하지만 이 말을 이해하는 남편은 적다. 에둘러 말하니 알아듣지 못하는 거다.

당연하지만 결혼생활의 핵심은 자녀가 아니라 배우자다. 배우자가 누구 곁에 있느냐에 따라 결혼생활이 달라진다. 자녀들도 자신들에게 잘해주는 것보다 부부가 알콩달콩 사는 것을 좋아하지 않을까.

작은언니와 베트남 새댁을 보며 서로 다른 환경에서 적응

해 가며 살아가는 모습을 본다. 제 나라에 사는 것도 힘든데 타국에서 적응하여 살아가는 모습이 대견하다. 이때 곁에 있는 사람이 남의 편(남편)이 아니라 오롯이 내 편이면 얼마나 좋겠는가!

이제 다리 뻗고 잘 수 있지요?

"선생님, 아빠 좀 구해주세요, 큰일 나겠어요!"

엄마가 매일 아빠를 때린다며 딸이 상담소를 찾아와 도와
달라고 했다. 엄마는 오일장을 돌며 장사하는데 내일은 먼 곳
에 있는 장날로 일찍 집에서 나가니, 그때 아빠를 데리고 나와
달라는 거다. 매를 맞는 여성은 많지만 매 맞는 50대 남자를
구해달라니 조금 난감했다. 무슨 사정이길래 저럴까 여러 생
각이 들었다.

우선 위험한 일이 생길 것을 대비해 집 앞에 경찰을 대기
시켰다. 주택 대문을 두드리니 중간 체격의 남자가 작은 목소
리로 무슨 일이냐고 했다. 딸 이름을 말하니 반색하며 뛰어나
왔다. 집에서 나가자고 했더니 검은 봉지를 들고 슬리퍼 차림

으로 나섰다.

가정폭력을 당한 여성을 위한 쉼터는 있는데 남성을 위한 쉼터는 없다. 그래서 피해 남성들은 노숙자가 되기 쉽다. 노숙자 쉼터에 연락하니 안 된다는 말이 돌아왔다. 당사자가 집을 나가면 노숙자가 될 텐데 며칠 있게 해달라고 사정을 하다가 어찌 그리 인정이 없냐고 으름장을 놓아 겨우 승낙을 받았다. 노숙자 쉼터는 한 시간 반 차를 타고 가야 했다. 백미러로 슬쩍 보니 뒷자리에서 남자가 멋쩍게 앉아 있었다. 조금 있으니 자신이 이렇게 살게 된 이야기를 했다.

아내와 장을 돌다가 한 여성을 알게 되어 몇 번 만났는데 아내에게 들켰다고 했다. 20년도 더 된 일이었다. 한순간 잠깐의 실수였고 그 후로 안 만났다며 억울해했다. 아내는 집에 누워있으면 오가며 발로 차고, 앉아 있으면 때려서 성한 곳이 없다고 했다. 여자와 연락할까 봐 휴대 전화도 빼앗고, 유선 전화도 끊었다. 도망가려 해도 옷과 가방, 신발을 가위로 다 잘라놔서 나갈 수 없었다.

그러다 5년 전 큰딸이 자신을 데리고 나와서 방을 얻어서 숨겨 주었는데 아내가 알아냈고, 의심하며 매질이 더 심해졌다고 했다. 보다 못한 딸이 상담소에 찾아가 도와달라고 한 것 같다며 연신 고맙다고 했다. 입은 옷도 찢겨 있었고, 가방이 없어 검은 봉지에 혈압약만 겨우 챙긴 남자는, 얼마 전 아내에게 맞아 갈비뼈에 금이 갔다고 했다.

쉼터에 도착하여 방 배정을 받고 저녁 식사하는 것을 보고 돌아섰다. 다음 날 딸에게 아빠 연락처를 알려주었다. 딸이 아빠와 통화하고 감사하다며, 아빠가 오랜만에 발 뻗고 편하게 주무셨다고 하는데 목소리가 밝았다고 했다. 좁은 방을 여러 명이 같이 써서 불편할 텐데 발을 뻗고 주무셨다니 다행이었다.

"다른 집은 자식이 속을 썩인다는데 우리 집은 부모가 자식 속을 썩여서 낯이 없어요."

"아버님 잘 지내세요. 건강도 챙기시구요."

쉼터에서 헤어질 때 나눈 말이 생각났다. 자식 속 썩이고 싶은 부모가 어디 있으랴. 자식도 부모 속 썩이고 싶지 않을 텐데 부모는 오죽하겠는가. 이후 남자는 쉼터에 적응하고 돈도 모았다고 했다. 나이가 많아 취업은 어렵고 일당으로 번 돈을 모아 양말 장사를 하고 싶다는 꿈도 생겼다. 그래서 가끔 양말 파는 차나 노점을 보면 기웃거린다. 내담자의 소원이 이루어졌으면 해서다.

　노숙자 쉼터는 역 맞은편 골목에 있다. 노숙자들은 쉼터에서 생활하다가 돈을 모아 방을 구해 나가야 한다. 쉼터에서 거주하려면 조건이 있다. 술을 마시면 안 되고, 일해서 돈을 벌어 저축해야 한다.

　담당자는 노숙자들을 쉼터로 데려오려 해도 안 온다고 했다. 차가운 바닥에서 자더라도 술을 마셔야 하고 일을 안 하려고 한다며 안타까워했다. 단체 생활의 어려움 때문일지 모른다고도 했다.

　10년 전 일인데도 근처에 가면 그날의 일이 어제 일처럼 생생하다. 식당에 가면 가끔 일하는 분의 낯이 익을 때 짧게 눈인사를 한다. 그러면 음식을 먹을 때 탁자에 주문하지 않은 사이다 한 병이 슬쩍 놓인다. 이럴 땐 모르는 척한다. 나는 탄산음료를 안 마시지만 이런 경우는 시원하게 마신다. 주신 분의 마음을 생각해서 마시는 사이다는 아주 '사이다'다. 내 인생도, 그들의 인생도 사이다처럼 뻥 뚫리기를!

자택 출입 금지

상담하다 보면 특별한 경험을 하게 된다. 특히 부부 상담 중 관계 회복이 어려워 차라리 이혼하는 것이 두 사람의 삶을 위해 낫지 않을까 하는 경우가 있다. 반대로 부부가 서로 노력 하겠다거나, 조금만 노력하면 잘 살 수 있을 것 같은 생각이 드는 부부는 빠르게 이혼 결정을 한다. 이럴 때 난감하다. 무력하다기보다는 '무엇이 결정에 영향을 주었을까?' 하는 의문이 든다.

부부 상담을 시작하면서 '이혼하지 않고 살게 해주어야지' 하고 정해놓지 않는다. 그들 삶의 이야기를 따라가게 하면 그 뒤 결정은 부부가 하는 것이다. 상담자는 둘 사이의 마음을 연결하기 위한 '번역기' 내지는 '통역'의 역할을 한다. 아내가 A 라고 이야기하면 상담자는 A라고 듣는데, 남편은 B로 듣거나 전혀 다른 해석을 한다. 이런 대화를 반복하면 이야기에 진전이 없고, 결국 서로를 향한 불편한 감정의 골이 깊어진다.

"이런 말씀이지요?"

"맞아요, 선생님. 남편은 왜 다른 소리를 하는지 알 수가 없어요."

남편도 같다. 그래서 대화를 돕는 거다. 둘이서만 하면 꼬이고 오해가 되던 대화를 상담자와 삼각 구도를 형성해 서로를 이해하는 구조다. 대화가 안 되는 가장 큰 이유 중 하나는 아내 말이 끝나기도 전에 남편이 말을 끊고 변명하며 끝까지 듣지 않는 거다. 사람은 누구나 자신이 하고자 하는 말이 끊기면 감정이 상해 언성이 높아진다.

상담자는 시작 전에 대화 방식을 안내하고, 대화 중 중간에 끼어들지 못하도록 중재하는 역할도 한다. 중간에 말이 끊기면 그때의 기분이 어떤지 묻기도 하고, 반대로 말을 끊고 이야기하는 마음에 관해 묻기도 한다. 이럴 때 반응은 "마음이요? 기분이요? 말을 하다가 할 말을 잊어버려서 바보가 되는 기분이에요."라고 한다. 상담자와 삼각 구도로 대화하는 것은 상대의 말을 주의 깊게 듣는 연습 기회이기도 하다.

또 어떤 경우는 "선생님 제 말이 맞지요?" 하며 편이 되어 달라는 듯한 느낌을 받기도 한다. 자신이 정당하다는 것을 상담자의 입을 통해 듣고 싶은 것이다. 이런 일에 말려들면 절대 안 된다.

'소통'이 잘되지 않는 부부를 위한 상담도 있지만, 보통 부부 상담에서 관계 회복이 어려운 두 가지는 '외도와 폭력'이다. 지금 이야기할 이 부부는 드문 경우라 기억에 깊게 남는다.

아내가 외도하고 이혼 신청을 했다. 주말부부로 남편은 일주일에 한 번 집에 온다. 남편은 아내가 외도한 걸 알지만 이혼하고 싶지 않아 했다. 이유를 물으니 아이도 있고, 지금 이혼하면 다시 결혼할 가능성도 없으며, 노후에 외로울 것 같아서 하고 싶지 않다는 거다.

아내는 같이 살고 싶지 않아 정리하고 새 출발을 하고 싶다며 이혼을 원했다. 관계가 회복될 가능성도 없고 주말에 남편이 집에 오면 불편해서 숨을 쉴 수 없다고 했다. 딸이 둘 있는데 아이들도 아빠가 오는 걸 싫어한다고 했다. 남편이 완강하게 이혼을 거부하자 아내가 요구 조건을 걸었다. 현재 사는 집은 남편 명의이고 집이 한 채 더 있는데 그 집을 자신 명의로 해달라는 것이다. 생활비도 그대로 주고 주말에 오지 말라고 했다. 유책 배우자가 이런 황당한 조건을 걸었다. 이렇게 하면 이혼을 하겠구나 하고 회기를 마쳤다.

다음 회기에 남편은 아내의 조건대로 하겠다고 했다. 아내는 어이가 없지만 황당한 요구 조건이 받아들여졌으니 이혼 소송을 취하했다. 조사관이 3년간 집에 안 오는 것으로 적으라고 하자, 아내는 영원히 안 오게 해달라고 했다. 조사관은 자신 명의의 집에 영원히 오지 말라는 것은 남편에게 가혹해서 안 된다고 설명했다. 서로 서명하고 감사하다는 말을 남기고 끝났다.

남편은 이혼을 하지 않아 흡족한 얼굴로 싱글벙글하였고, 아내는 조건이 받아들여졌으나 새 출발은 할 수 없게 되어 어안이 벙벙한 표정으로 일어났다. 아내는 3년 후에 재판 이혼을 신청해도 되느냐고 묻고 돌아갔다.

남편이 이혼을 원하지 않은 가슴 속 이야기를 듣고 황당한 요구 조건을 받아들인 이유를 알게 됐다. 남편은 어려서 부모님을 여의고 보육원에서 자라 가족 없이 살았다고 했다. 가족이 얼마나 소중했으면 이렇게라도 유지하고 싶을까, 따뜻한 가족이 소원이었을 텐데 하는 안타까운 마음이 들어 짠했다.

모든 결정의 순간에서 어떤 결정이 좋은 결정인지는 아무도 모른다. 자신들이 원하는 선택을 하고 책임을 지는 거다. 최선이 아니면 차선의 선택을 하는 건데 이 부부의 경우 그 선을 뛰어넘는 차차선의 결정인 것만 같았다. 이들 부부가 3년 후에 이혼 소송을 했는지는 알지 못한다. 그들의 결정이 서로의 삶을 괴롭히는 족쇄가 아니라 서로를 이해하는 출발이기를 바랄 뿐이다.

내 집에서 나가

가정법원에서 상담 의뢰가 왔다. 아내가 이혼을 청구했고, 남편은 이혼하고 싶지 않다는 결혼 15년 차 부부다. 부부에게는 중학교 1학년 딸이 한 명 있다.

40대 초반의 아내는 차분하고 단아했다. 얼마 전 초등교사 임용시험에 합격하여 발령 대기 중이라고 했다. 8년간 공부하여 합격했다니 그 세월을 견뎌낸 의지가 대단했다. 남편은 전자공학을 전공해서 중소기업에 다니는데 3년마다 회사를 옮겼다. 남편은 직장을 옮기며 연봉이 높아졌다고 하는데, 아내는 불안해했다.

아내는 결혼하여 아이 키우느라 직장에 다니지 않았다고 했다. 그런 아내에게 남편은 화가 나면 "내 집에서 나가!" 하며 고함을 쳤다. 아내는 이런 남편이 이해되지 않는다고 했다. 친정 부모님이 걱정하실까 봐 이런 사정을 어디에도 말 못 하고 가슴앓이하며 살았다.

자신과 대화도 안 하고 집에 오면 짜증을 내는 남편. 아내는 천변을 혼자 걷다가 다정하게 산책하는 부부의 뒷모습을 보면 부러워 눈물이 났다고 했다. 남편이 여러 번 내 집에서 나가라고 해도 직업이 없어 못 나갔다. 이제 직업이 생겼으니 이혼하고 집을 나오고 싶다고 했다.

"남편하고 살고 싶은 마음과 살고 싶지 않은 마음이 얼마나 되세요?"

"이혼하고 싶은 마음 98%, 살고 싶은 마음 2%예요."

"어떤 이유로 2%인지 궁금하네요?"

"제가 믿는 사람이라 하느님께 기도했는데 응답을 안 주세요."

"그럼 기도하시면서 상담받으시지요."

아내와 먼저 상담을 끝내고 남편과 상담했다. 남편은 자신의 과거에 관해 이야기했다. 아버지는 대학에 가겠다고 했을 때 학비도 대주지 않았고, 결혼할 때도 무심했다. 그런 아버지는 자신을 믿어주지 않는 사람이라 미워서 보고 싶지 않았다. 기억 속 아버지는 화나면 자신에게 "내 집에서 나가!"라고 했다. 어린 마음에 몹시 서운했는데 성인이 된 지금 자신도 화가 나면 아버지처럼 똑같은 말을 하고 있었다.

남편은 이혼하고 싶지 않고 이렇게 될지 몰랐다며 울먹였다. 남편은 매 회기 마음속 깊은 이야기를 하며 울고 또 울었다. 자신이 이러고 사는지 몰랐다고 했다. 말할 기회도 없었고 어떻게 마음을 표현해야 할지 몰랐다고 했다. 아내에게 그동안 미안했다며 손을 내밀자 아내도 손을 잡고 울먹였다.

이 부부에게 매주 과제를 주었다. 데이트하기, 손잡고 천변 산책하기 등. 상담을 시작하며 지난주 과제에 관해 물으면 부부가 수줍게 웃었다. 부부 상담뿐 아니라 사춘기 시기에 고민이 많을 중학생 딸도 만났다.

"엄마 아빠가 어떤 것 같아?"

"어느 날은 싸우다가, 어느 날은 같이 웃다가 해서 잘 모르겠어요. 둘 좀 안 싸우게 선생님이 도와주세요."

"엄마 아빠가 부부 상담을 받고 있으신데 요즘은 어떠셔?"

"잘 모르겠어요. 별일 없는 것 같아요."

10회기 상담이 끝나는 날, 아내는 남편하고 잘해보고 싶다고 했다. 2%가 100%가 되는 순간이다. 아내가 물었다.

"선생님, 우리 살다가 또 힘들어지면 그땐 어떡해요?"
"살다가 힘들면 그때 또 만나요."

자동차도 기름을 한번 넣고 영원히 탈 수는 없다. 떨어지면 넣어야 하고 세차도 하고 오일도 넣으며 관리해야 한다. 그러니 그렇게 관리하고 살아도 힘들면 만나자고 여지를 남겼다.

끝난 자리를 정리하는데 남편이 돌아왔다. 부모님 뵈러 울릉도에 다녀왔다며 검은 비닐봉지를 수줍게 건넸다. 내민 봉지에는 호박엿 한 봉지가 들어있었다. 상담을 받은 이후로 아버지와 화해했는데, 오는 길에 내 생각이 나서 샀다는 것이다. 그것을 받고 나니 아내 말이 생각났다. "남편은 친정에 갈 때 과일 한번을 안 사요."

부부는 일심동체라던가. 남편이 나가고 아내가 돌아와 물었다. "선생님 저 사람이 왜 왔어요?" 아내에게 비닐봉지를 열어 보여 주었다. "아~네. 저 사람이 이제 그런 것 살 줄도 아네요." 아내의 입가에 미소가 번졌다.

경찰공무원 강의를 할 때였다. "상담실에 사람들이 오긴 옵니까? 상담이 효과가 있긴 있어요?" 강의 시작할 무렵 맨 끝자리에 앉은 나이 지긋한 경위님이 퉁명스럽게 물었다. 이런 질문을 받고 당황했지만 이 부부 이야기를 했다. 그들의 상담 효과에 관해 들은 경위님은 자기 이야기를 꺼냈다.

"교수님, 아까는 죄송했어요. 퇴직이 몇 개월 안 남았는데 지옥까지 갔다 왔어요. 파출소에서 뇌물 사건에 연루되어 해임당했다가 3년 재판하여 복직했어요. 그때 너무 힘들었는데 말할 곳이 없어 혼자 가슴앓이를 많이 했어요. 억울하고 힘들었는데 명예를 회복했고 6개월 있으면 정년이에요."

용기 있는 그의 말에 수강생들이 일제히 박수를 쳤다. 얼마나 마음고생이 크셨을까? 경위님은 아이들에게 부끄러운 아빠가 되고 싶지 않아 긴 시간을 견뎠다. 그때마다 상담을 받고 싶었지만 어디서 어떻게 받아야 하는지 몰라서 차일피일 미루다 못 받았다고 했다. 그는 마지막으로 한마디 하고 싶은 것이 있다고 했다. "경찰로서, 한 명의 사람으로서 앞으로 살아갈 후배들의 상담을 잘 부탁합니다." 당시 경위님의 진심 어린 말이 지금도 메아리가 되어 돌아온다.

　제가 두 분 이야기 강의에서 하고 다녀요. 그때 모습이 너무 예쁘고 좋아서요. 저를 괜찮은 상담자로 만들어 주셨잖아요. 잘 살고 계시지요.

귀신 같은 내담자

　민영이는 부부 교사의 자녀로 중학교 2학년이다. 북한의 김정은도 무서워한다는 중2다. 나 역시 아들이 중2 때는 무서웠다. 민영이는 아침에 엄마와 같이 등교했다가 2, 3교시에 슬그머니 집에 가서 컴퓨터 게임을 한다. 성적은 보통이고 학교생활도 무난하다.

　상담실을 찾은 민영이의 첫 마디는 "집에 있어도 학교에 있는 기분이에요"였다. 엄마 아빠가 끊임없이 '이거 하지 마라, 이거 해라, 저거 해라' 해서 미칠 것 같다고 했다. 부모님에게 "집에서는 한 가지만 하세요"라고 말하고 싶은 걸 꾹 참고 지낸다고 했다. 엄마인지 선생님인지. 학교에서 듣던 옳은 소리를 집에서도 듣는다며 민영이는 그걸 '옳은 개소리'라고 했다.

아이에게 있어 게임은 도피처다. 게임을 하면 스트레스도 풀리고 자유를 얻은 기분이라고 했다. 거기서는 자신을 인정해 주고 자기 말을 들어준다고 했다. 게임 이야기를 할 때 민영이의 눈이 반짝이고 목소리에 생기가 돌았다.

민영이는 살려고 게임을 하는 거다. 게임 속에서는 숨을 쉴 수 있으니까. 이 사실을 부모만 모른다. 게임은 나쁜 거고, 공부는 좋은 거니까. 자식을 위해 부모는 막고 자식은 달아난다.

엄마는 퇴근하면 집안일 하느라 민영이와 이야기할 틈이 없다고 했다. 아들이 초등학교까지 공부를 잘했는데 중학교에 오면서 저 모양이라고 기어들어 가는 목소리로 말했다. 남편은 뭘 하고 다니는지 집에 늦게 들어와서 혼자 동동거리며 산다고 했다. 이들 가족의 역동을 알아보기 위해 커다란 도화지에 그림을 그리게 했다.

"어떤 그림을 그리셔도 됩니다."

엄마, 민영, 아빠 순으로 앉자 민영이가 '연필'을 잡았다. 엄마는 '붉은색' 크레파스, 아빠는 '회색' 크레파스를 들었다. 민영이가 그림을 그리기 시작했다. 그때 엄마가 "그걸 그렇게 그리면 어떻게 해"라고 하자 민영이는 뒤로 빠지고, 아빠도 멍하게 있었다.

그 모습을 보니 이 집에서 엄마의 영향력이 상당히 크다는 걸 알 수 있었다. 성격 유형 검사 결과를 보며 세 사람의 같은 점과 다른 점을 설명할 때였다. 먼저 엄마가 자신은 집에서 자율적인 것을 추구하여 아무 말도 하지 않는다고 했다. 그러자 민영이와 아빠가 동시에 꺼낸 말에 엄마는 의아하다는 표정을 지었다.

"아니거든. 자기 맘대로 하면서…."

우리는 서로의 거울이다. 자기는 자기 모습을 볼 수 없다. 타인이라는 거울을 통해서만 볼 수 있다. 그 거울에 비추어진 모습은 인정하고 싶지 않은 나의 그림자다.

부모가 가장 힘든 지점을 아는 걸까? 교사 자녀는 학교에 안 가고, 경찰 자녀는 가출하거나 다른 아이들에게 폭력을 가

한다. 목사님 자녀는 '도 아니면 모'라는 말이 있다. 착실하게 공부하거나 심하게 방황하거나 한다. 상담자 자녀도 부모를 미치게 한다. 학교를 자퇴하거나 담배를 피우거나 하며 애를 태운다. 어디 이들뿐이랴. 모든 자식은 부모의 약한 부분을 파고든다. 나는 부모를 어떤 일로 힘들게 했을까?

　　민영이는 내 상담 인생의 첫 번째 내담자다. 그래서 내담자를 배정받은 첫날은 설레기도 하고 두려웠다. 학위만 있지 상담한 경험이 없어서다. 이론과 실제가 겸비되어야 하는데 기회가 없었다.

　　누구에게나 처음은 있는 법, 처음은 언제 해도 처음이기에 처음을 잘 해내고 싶었다. '훌륭한 상담자가 되려면 훌륭한 내담자를 만나야 한다'라는 말이 있다. 특히 첫 상담이 중요한 건 상담자의 길로 가느냐 거기서 멈추느냐가 달려있어서다.

　　그래서 첫 내담자를 잘 만나야 한다. 처음에는 할 수 있다는 자신도 있고 잘할 수 있다고 믿는다. 상담 효과를 보려고 과제도 많이 낸다. 효과가 있어야 보람도 있고, 내담자도 좋아질 거라고 믿는 거다.

　　나도 첫 상담이라 정성을 다했다. 배운 것을 총동원하여 어설프지만 열심이었다. 처음인 걸 들키지 않으려고 준비도 많이 했다. 그러나 감추려 해도 초짜 상담자인 걸 내담자도 안다. 상담을 끝내는 종결 때 소감을 물었다.

"선생님이 실력은 부족해도 열심히 준비하셔서 저를 도와주려고 하신 거 다 알아요. 그래서 더 열심히 했어요."

민영이 같은 내담자를 우리는 소위 '귀신같은 내담자'라고 부른다. 한마디로 봐 준 거라는 말이다. 눈물겹도록 고맙다. 그러니 척하지 않아야 한다. "선생님은 상담을 전공했는데 처음으로 상담하는 거야"라고 해도 괜찮았을 텐데, 티를 안 내려고 괜한 애를 썼단 말이다. 상담실 인턴 상담사가 전화를 받으며 "인턴 상담사입니다"라고 하면 대답을 잘못하고 설명이 부족해도 봐준다. 그러면서 숙련 상담자가 되는 거다.

그렇듯 부모 역시 부모가 처음인 티를 내지 않기 위해 부단히 애를 쓴다. 하지만 부모가 아이에게 미치는 영향은 막대하다. 아이는 부모의 거울이다. 아이는 부모의 뒷모습을 보고 자란다고 한다.

나는 어떤 부모인가. 아이 엄마의 모습에서 내 모습을 본다. 집에서는 엄마 노릇만 하는 거다. 남의 아이 대하듯 해야 하는데 화가 나는 걸 보면 영락없이 내 새끼다. 친자 확인 끝.

70점만 맞아도 살만합니다

"선생님, 많이 우울해요."

"얼마나 우울한지를 수치로 나타내보세요."

우울 정도를 표현할 때 가장 낮으면 1이고 가장 높으면 10으로 말하게 한다. 높을수록 고통이 심하다. 마음이 편해지고 좋아져 5점 이하가 되어야 상호작용이 가능하다.

부부 상담 때는 부부 관계 만족도로 수치를 반대로 바꾸어 묻는다. 보통 5점이면 애들 때문에 산다는 답이 돌아온다. 이혼할까 말까 하루에도 열두 번 모래성을 쌓았다가 부순다고 한다. 그러나 이혼하겠다고 결심해도 결정이 쉽지 않다. 나만 생각할 수 없는 거다. 자식의 미래도 있고, 주 양육자라면 사정에 따라 회사 승진도 걱정되고, 부모님이나 친구들에게 말할 것까지 생각하면 갈팡질팡할 수밖에 없다.

이런 시기를 '앉지도 서지도 못하는 시기'라고 한다. 문 중간에 끼어서 나오지도 들어가지도 못하고 아파하고 있는 시기다. 그 결정의 날이 올 때까지가 고통의 시간이다. 그러던 중에 상대의 과도한 신용카드 명세서가 날아오거나 외도의 증거를 발견하게 되면 속도를 낸다.

"어떤 것이 좋아지면 점수가 올라갈까요?"

"집안일을 도와줬으면 좋겠어요. 퇴근하고 아이 돌보며 저녁 준비하느라 힘든데 남편은 늦게 들어와서 집이 지저분하다고 타박해요."

아직도 이런 남편이 있냐고 하겠지만 상담실에는 있다. 그것도 많이. 딱 찍어서 도와달라고 하지 않으면 모르는 것이 남자들이다. 아내가 짜증을 내서 집에 늦게 들어가는 거라고 한다. 그러니 말하지 않는 속은 아무도 모른다. 자신이 원하는 것을 말해도 그나마 알까 말까.

"부부 관계 만족도가 몇 점쯤 되시나요?"

"7점이요."

7점을 백분율로 환산하면 70점이 된다. 70점 맞는 학생은 기초는 있지만 공부하는 기술이 부족하거나 실수해서 점수가 안 나오는 것이니 그걸 알려주면 된다. 조금만 노력하면 80점이나 90점으로 갈 수 있는 점수다. 70점은 열 가지 중 일곱 가지는 괜찮고, 세 가지 정도가 맞지 않는 거다. 일곱 개가 좋으면 세 가지 정도는 참아 넘길 수 있다.

우리는 완벽하지 않은 존재다. 어찌 인간이 열 가지를 다 맞추고 살 수 있을까? 그러니 마음에 무척 들고 마음에 조금 들지 않거든 마음에 들지 않는 부분을 살짝 넘겨주며 살아야 한다. 나도 그에게 그런 존재일 테니까.

버티기 위한 비움

　상담실에 화분이 세 개 있다. 첫 출근하던 날 상담실에 있던 조화를 치웠다. 눈에 거슬려 이뻐해 줄 자신이 없어서다. 관리실에 연락해 화분을 달라고 하니 몇 개가 필요하냐고 물었다. 어리둥절하고 있는 사이, 답변이 돌아왔다. "세 개면 되겠네요." 그렇게 식물 세 포기가 왔다.

　관음죽, 크로톤, 하나는 이름이 어려워서 자꾸 까먹는 미안한 식물. 화분 관리를 하시는 분의 잘 키울 수 있겠냐는 말에 잘 키우겠다고 큰소리쳤다. 상담으로 사람도 살리는데 생명이 있는 식물을 죽이면 되겠냐고 허세를 떨었다. 내가 한 말이 걸려 영양제를 사서 꽂아주고, 일주일에 한 번 물을 듬뿍 주었다. 상담실이니 잔잔한 음악은 덤이었다.

주말에 모임이 있어 식당에 도착하여 둘러보고 있는데, 주인아주머니가 스프레이로 식물에 물을 뿌려주는 모습을 보고 있노라니 잎끝이 말라가는 상담실의 관음죽이 떠올랐다. 맞다, 물을 뿌려줘야 하는 거였다. 다음날부터 식물에 꼼꼼히 물을 뿌려줬다. 상담실 공기를 정화해주니까 식물을 살려야 나도 산다는 마음으로 특별 관리를 시작했다.

연휴가 지나 출근한 날 입구에 들어서며 깜짝 놀랐다. 크로톤이 고개를 떨구고 있는 거다. 검색창에 물으니 물을 안 주면 일어나는 현상이었다. 예민한 식물. 일주일에 한 번 물을 주면 되는데 이틀이 지난 탓이었다. 물을 듬뿍 주었는데도 고개를 숙이고 있어 애가 탔다. 검색창에 치니 생기있게 돌아오려면 다섯 시간은 걸린다고 했다. 오후가 되니 고개를 들고 "이제 살만하네요" 하는 것 같았다.

내담자들은 일주일에 한 번 상담실에 온다. 좋아지면 2주에 한 번, 한 달에 한 번 오기도 하고, 힘들면 일주일에 두 번 와야 할 때도 있다. 그 일주일이 버틸 수 있는 최소한의 시간이다. 일주일을 넘기면 증상이 나빠지기도 하고 생기가 없이 시들시들해진다. 마음이 힘든 사람들은 더 예민하다.

언젠가 중학교 선생님이 아들을 데리고 왔다. 이 녀석은 공부도 안 하고 게임도 안 하고 멍하게 지내서 뭐가 되려는지 모르겠다고 했다. 엄마와 이야기를 안 하니 답답하다며 아이 마음속이 궁금하다고 했다. 이런 경우 아이는 엄마와 선생님이 한편이라고 생각하여 속마음을 이야기하지 않는다.

심리검사를 하고 진로를 이야기하며 라포가 형성되어 갈 때쯤이었다. 상담이 끝나갈 무렵 상담 후 기분에 대해 물었다.

"일주일에 한 번 와서 힘들었던 것, 좋았던 것을 이야기하고 나면 쌓였던 쓰레기통을 비우고 가는 것 같아요."

이렇게 비우고 공간이 생기면 그 작은 여유 속에 용기의 물이 채워지고 견딜 만해진다. 이런저런 이야기를 들어주고 잔소리 안 할 부모는 없다. 엄마는 옳은 소리를 많이 해서 담임 선생님과 같이 사는 기분이라던 아이는 숙였던 고개를 들고 상담실을 나선다.

"선생님, 감사합니다. 다음 주에 봬요."

PART 3

긴급심리지원 나갑니다

소방관도 힘들고 아프다

"관창은 들고 들어갔대?"

본부가 술렁술렁한 걸 보니 인명사고가 난 거다. 공장 화재로 소방관 세 명이 화상을 입었다. 일단 구조에 참여한 팀을 상담해야 한다. 긴급심리지원 대상은 본서 구조대 3개 팀, 구급대 1개 팀, 현장대응단 1개 팀이다. 부상당한 소방관은 몸이 회복되어야 만날 수 있다.

긴급심리지원은 사고 발생 후 24시간 이내 1차, 3일 안에 2차, 2주 후에 3차, 한 달 후에 4차 걸쳐 만난다. 큰 사고가 난 후 한 달이 지나면 어느 정도 안정되어야 하는데 회복이 안 되면 정신과 치료와 심층 상담을 병행해야 한다. 일단 대상 모두를 만나 스크리닝(screening, 특정 질환에 대해 검사 및 진단하는 것)하여 선별하고 지속 상담은 해당서 담당 상담사가 한다.

이번 사건은 출동한 소방관이 부상이 심해 힘들었지만, 담당 상담원도 다쳐서 난감했다. 상담사가 야간 팀 상담을 하고 주차장으로 가던 중 돌부리에 걸려 넘어져 팔에 금이 가서 한 달간 깁스를 해야 했다. 소방서도 술렁술렁, 심리지원단도 마찬가지였다.

화재 현장은 세 명이 한 팀으로 진입한다. 이번 사건은 생존자를 구조하려고 불길 속에서 급히 들어간 소방관 중 두 명은 빠져나오고 나머지 한 명이 못 나왔다. 지붕에서 불이 뚝뚝 떨어지는 곳에서 미처 불길을 피하지 못했다. 급히 나온 소방관들이 불길을 잡고 들어가서 보니 막내 소방관이 화상을 입고 쓰러져 있었다.

다친 대원은 최근에 진급하여 새로운 센터에 배치받고 첫 화재 출동이었다. 소방관은 화상 부위가 50% 이상이라 상태가 심각했다. 구조될 당시 소방관은 동료 구급대원에게 "저 때문에 죄송해요"라며 사과했다고 한다. 보통 화상 환자들은 처치할 때 아프다고 고통스럽게 소리를 지르며 악을 쓰는데, 이 대원은 입을 꽉 다물고 죄송하다는 말을 반복했다.

그 말을 들은 구급대원은 눈물을 글썽이며 마음 아파했다.

많이 아팠을 텐데 그 힘든 상황에서도 동료를 생각하는 마음이 놀라웠다. 그 이야기를 듣는데 그날의 상황이 떠올라 말하는 대원도 듣는 나도 눈을 적셨다. 다친 대원이 아들 또래여서 내 아들이 다쳤다면 어땠을까 하는 마음이 들어 더 아팠다.

"소방관이 자살했어요."

소방서에서 연락이 왔다. 자살한 소방관은 50대 가장으로 한적한 논 가장자리에 차를 세우고 번개탄을 피웠다. 주식 실패로 빚을 지고, 동료 소방관들에게 돈을 빌렸다. 그럼에도 빚을 더는 감당할 수 없어 세상을 등진 거다.

소방서가 술렁였다. 돈을 빌려준 소방관들이 여럿이었다. 돈도 돈이지만 동료가 자살했다는 사실에 적잖이 놀랐다. 가장 친한 소방관은 친구의 죽음에 울먹이며 말했다. "그 친구가 다른 소방관들에게 돈을 조금씩 다 빌렸는데 정작 나한테는 안 왔어요. 제가 암 수술을 했거든요." 자신의 병이 나빠질까 걱정되어 돈을 빌리러 안 온 것 같다고 했다. 팀 동료 중 한 명이 이런 말을 하기도 했다.

"저희는 자살한 현장에도 출동 가잖아요. 그래서 소방관이 자살하면 확실한 방법으로 죽어요."

돌아가신 분이 근무하던 팀이 출동하여 충격이 더 심했다. "모르는 사람은 그래도 하겠는데 동료를 수습하려니 너무 힘들었어요.", "이렇게 죽을 만큼 힘든 걸 같이 근무하면서 몰랐다는 게 미안해요." 말하지 않는 속을 어찌 알겠느냐고 위로하자, 삶의 덧없음을 내비친다.

"너무 애면글면 살지 말아야 하고, 서로 친하게 지내야 해요."

언제 어떻게 떠날지 모른다며 세상을 초월한 듯한 말을 한다. 소방관들은 교통사고로 심하게 다친 사람을 보거나 시체를 거두고 오면 힘들어한다. 하지만 트라우마가 생기지는 않는다. 동료의 자살이나 부상을 보면 회복이 더디다. 그 일을 내가 겪을 수 있다는 생각이 드는 것과 함께 한 시간에 비례해서다.

소방관은 매끼 같이 밥 먹고, 같은 차를 타고 대기실에서 같이 쉰다. 팀원은 가족보다 더한 끈끈함이 있다. 상담사는 그런 그들 곁에서 괜찮은지 돌봐주고 가족과 동료에게 못 했던 마음속 죄책감을 듣고 보듬어 준다. 소방관은 아니지만 6년간 소방관을 상담하여 아끼는 마음은 가족이다. 소방관들은 그렇게 다치고 놀라고도 같은 상황이 되어도 똑같이 할 거란다. 자신의 판단에 대한 믿음이 소방관들을 지키고 있다. 그들의 단단한 마음에 응원을 보낸다.

간혹 몇몇 사람들은 국민을 위해 봉사하는 강인한 이들이 자살하면 더 의아해한다. 소방관도 아프고, 소방관도 힘들다. 이들도 하는 일이 소방관일 뿐, 사람 사는 일은 매한가지다. 상담하며 내 삶을 돌아본다.

삶과 죽음이 하나구나.
아웅다웅 천년을 살 것처럼 살아도 시한부 인생인 거다.

제가 이러려고
소방관이 된 건 아닌데요

불이 나면 불을 피해 모두가 뛰쳐나올 때, 그 길을 거꾸로 뛰어 들어가는 사람이 소방관이다. 자신의 생명을 뒤로하고 한 사람이라도 살리려고 애쓰기에 국민의 사랑과 존경을 받는다. 나는 심리지원단 소속으로 소방관을 상담했다. 소방관들은 평소에 이웃 아저씨처럼 푸근하다가 뻐꾸기 소리가 나면 재빠르게 달려 나간다. 어찌나 빠른지 속도에 놀랄 정도다. 구조와 구급의 벨 소리가 다르고 불이 나면 요란한 소리가 난다. 불이 나면 구조, 구급, 화재 대원 모두 출동을 해야 하기 때문이다.

어느 날 119안전센터에서 상담하던 중 불이 나서 모두 출동하고 나 혼자 남겨진 적도 있다. 다른 센터에서 먼저 도착하여 진화되면 중간에 차를 돌려 돌아오기도 하지만, 큰불이 나면 그날 상담은 접어야 한다. 그들을 상담하다 보면 웃어야 할지 말아야 할지 난감할 때가 있다. 그중 기억 나는 황당한 구조 신고가 있다.

"구조 신고가 들어와서 출동해보니 장마철에 불어난 하수구에 휴대 전화가 빠졌다고 했는데, 결국 못 찾았죠."

"아이가 혼자 집에 있는데 문이 잠겼다는 신고에 출동해서 개방하니 강아지가 뛰쳐나왔지 뭐예요."

"집에 불이 났다고 해서 출동하고 보니 '내 가슴에 천불이 났으니 꺼주세요!' 하는 거예요."

이런 출동을 다녀오면 웃기기도 하고 '이러려고 소방관이 된 건 아닌데' 하는 마음이 든다고 했다. 소방관이 하는 일에 크고 작은 것은 없지만 이런 일도 있다며 하는 말에 나도 모르게 웃음이 났다.

화재 신고를 받으면 소방관들은 즉각 출동한다. 불이 나면 시간을 다투기 때문에 인근에 있는 119안전센터 몇 군데에 동시 출동 명령이 내려진다. 빠르게 진화해야 하고 상황이 어떻게 바뀔지 몰라서다.

한 번은 화재 신고를 받고 출동했더니 팔순의 할머니가 미안한 표정으로 서 계시다가 이런 말씀을 하셨다고 했다. "축사에 불이 나서 신고했지. 작은 불이라 소방차 한 대만 보내주면 되는데 무슨 소방차가 이렇게 많이 왔어. 고생스럽게." 할머니는 요란한 소리를 내며 출동한 소방차에 놀라서 '이를 어째' 하며 연신 고개를 숙이셨다고 했다.

소방관을 생각하면 위험하다고만 생각했는데 이런 사례들을 들을 때면 웃음이 난다. 가끔 있는 황당한 출동이지만, 그럼에도 몸이 먼저 반응하는 소방관들은 친절이 몸에 배어있어 늘 남을 먼저 생각하는 이타심이 어느 조직보다 더 강한 걸 느끼게 된다.

학생도 학부모도 무서워요

'교사의 극단 선택' 소식이 들린다. 학부모만 챙기는 관리자에 대한 분노의 글이 연일 기사와 뉴스에 나온다. '터질 것이 터졌다'라는 생각이 들면서 상담실을 찾았던 교사들이 했던 말들이 현실로 나타난 것 같아 마음이 무거운 요즘이다.

몇 년 전 초등학교 교사가 내담자로 온 적이 있다. 선생님은 초등학생 아들이 둘인 워킹맘이었다. 학교에서 일어난 일을 남편에게 이야기하면 대수롭지 않게 여겨 속상하다고 했다. 누가 그 마음을 알까.

학부모에게 황당한 문자를 받았다고 했다. '선생님이 우리 아이를 감정적으로 지도한 것 같아 서운하다'라고. 선생님은 그 문자를 보며 아무리 생각해봐도 그런 일이 없다고 했다. 다

음 날 학부모가 학교에 찾아와 고함을 치며 막무가내로 교장
실로 갔다. 아이들이 선생님 욕을 했고, 하지 말라는 말을 듣
지 않아 단호하게 말했는데 그게 문제였다.

학부모는 "선생님 욕 안 하는 아이가 어디 있냐!"며 난동을
피웠다. 교장 선생님은 학부모에게 머리를 조아리며 "미안합
니다. 담임이 프로답지 못했습니다. 원하시면 학급을 바꿔드
리겠습니다"라고 사과했다. 학부모는 선생님에게 똑바로 살라
고 손가락질하며 돌아갔다고 했다.

선생님은 아이를 지도했는데 프로답지 못하다는 심한 말
까지 들었다며 분통을 터트렸다. 다음날 반을 바꾸어 주겠다
는 말에도, 학부모는 선생님이 잘못했는데 자기 아이가 왜 반
을 바꾸어 피해를 봐야 하냐며 그 반에 있겠다고 했다.

그 일을 겪은 선생님은 저녁에 잠을 자는데 아침에 눈이
안 떠졌으면 좋겠다는 마음이 들 정도로 힘들었다고 했다. 선
생님은 충격으로 몸이 아파 출근을 못 하였고, 대인기피증이
생기고, 사람이 무섭다며 울먹였다. 선배 교사는 선생님에게
더 험한 일을 당할 수 있으니 그 아이에게 잘해주고, 애정 표
현도 하라고 했다. 자존심이 상해서 하고 싶지 않았지만 '무슨

뜻이 있겠지' 하며 해당 학생에게 잘 대해주고, 어느 날은 영혼 없이 관심을 주었다고 했다.

얼마 후 이번에는 해당 학생의 아빠가 교감 선생님에게 전화해 그 일 이후에 아이 지도를 어떻게 하고 있는지 추후 지도 보고서를 달라는 황당한 요구를 했다. 선생님은 1년이 지났는데도 학생도 학부모도 무서워졌다.

자존심이 상하고 교사가 사회적 약자구나 하는 마음이 들면서, 학교가 콜 센터가 되어 간다고 속상해했다. 그러면서도 그 아이가 잘되기를 바란다고 하며, 선배들이 지혜롭다는 생각이 들었다고 했다. 이런 일을 겪을 때마다 새롭고 교사 생활의 흑역사로 남았다며 서글퍼했다. 얼마 전 만난 퇴직 앞둔 교장 선생님과 30년 교직 생활을 명예퇴직한 친구의 말이 생각났다.

"나는 퇴직이 얼마 안 남아서 다행인데 남은 선생님들은 어떻게 하나…."

"마지막 일 년이 너무 힘들어 미련이 없어. 애들이 정 떼려고 도와준 것 같아."

나는 장래 희망이 선생님이었다. 교사는 배우고 가르치는 보람된 일이어서다. 교사의 꿈을 안고 사범대학에 들어갔다. 점수에 맞추어 간 학과라서 그럭저럭 지냈다. 4학년 1학기는 교생 실습이 있다. 동기들은 저마다 모교로 고향으로 실습지를 정했다. 나도 집 근처에 있는 여고로 갔다. 대학에서 배운 것을 현장에서 경험한다는 건 가슴 설레는 일이었다. 어색한 정장을 입으니 선생님 티가 났다. 여고생들은 재잘재잘 까르르하며 시끌벅적하고 교생이 학생인 걸 아는지 친근하게 대했다. 교생을 마치고 학교로 돌아왔다.

교생을 하며 교사가 하는 여러 일이 눈에 들어왔다. 특히 가르치는 것보다는 공문 등의 업무와 학생 생활지도가 힘겨워 보였다. 학창 시절 부러웠던 여유로운 모습과는 차이가 있었다. 실습을 다녀온 후 생각이 달라졌다. 저마다 다른 생각이 있었지만 나는 꿈은 꿈일 뿐이라고 외치며 교사에 대한 꿈을 접었다.

학교가 상상한 것처럼 낭만적이지만은 않았다. 무역회사에 입사해서 바삐 일하고, 학원을 운영하려니 힘들 때 방학에 긴 여행을 가기도 하고, 소박하고 고요하게 사는 모습을 보니 교사 친구가 부러웠다. 청춘의 한 달 경험으로 결정하기에는 아쉬운 선택이었다.

그래서 대학원에서 상담심리를 전공하고 전문상담교사 자격을 취득하여 늦게라도 교사를 해볼까 하는 마음이 살짝 들었다. 전공은 어찌어찌하겠는데 교육학 과목은 아무리 공부해도 어려워서 포기했다. 중등교사 자격이 두 개있지만 임용고시의 높은 벽 앞에서 멈췄다.

선생님인 친구가 있는 것과 사대를 나온 것이 교직원 상담을 할 때나 교육 대학원에서 강의할 때 도움이 된다. 내가 부러워하고 있는 일을 힘들어하면 "그런 거였어" 하며 안도감이 드는 건 무슨 심보인지 모르겠다.

최근 스승의 날 설문 조사 결과 1위는 '다시 태어나면 교직 안 한다'는 것이었다. 또 스승의 날은 학생에게 신고만 안 당해도 좋겠다는 기사도 읽었다. 무기력한 교권으로 자존감이 무너졌다는 말이 현재 교육 현장의 목소리를 전하고 있어 안타까웠다.

상담에서 들은 선생님들의 이야기가 조사로 확인되니 존경이 사라진 교사들이 안쓰러워진다. 스승에 대한 존경이 사라진 학교에 학생은 있으나 제자가 줄어들고 있다. 사명감으로 견뎠던 교사가 학부모들의 항의로 직장인이 되어 가는 듯한 현실도 안타깝다.

학부모가 선생님을 존중해야 하고, 학생은 선생님을 따라야 하는데 어찌 이리 각박하게 자기 자녀만을 챙기게 되는 사회가 되었는가. 희비가 엇갈리는 것이 인생이라더니 이럴 때는 교사 안 하길 잘했다는 마음이 드는 건 왜일까!

군부대에서 강의 의뢰가 왔다. 부대 출입 때 담당자가 인솔하는데 인상 좋은 주임원사가 나왔다. 그는 대기실로 안내하며 말했다. "요즘 군대는 유치원 아이들 돌보는 곳 같아요." 군대 보낼 아들이 있어 귀가 쫑긋했다.

자신이 군 생활할 때는 지휘관 얼굴도 못 보고 제대했는데 요즘 병사들은 내무반을 옮겨 달라거나 휴가를 가게 해달라고 지휘관에게 전화한다며 고개를 저었다. 내 아들도 혼자 방 쓰고 개인 생활이 중요한 외동이어서 군대 생활을 어떻게 할지 걱정이 됐다.

그들의 지휘관은 30대 중반의 소령으로 주임원사보다 10년은 어려 보였다. 군대는 계급이 깡패라는 말이 생각났다. 내 계급은 '소장'이다. 상담소 소장 명함을 주면 "저보다 계급이 한참 높으시네요" 했다.

주임원사는 부대원들의 엄마 같은 역할로 세세하게 챙겨야 할 일이 많아 보였다. 주임원사 사무실에서 사무를 보거나 심부름하는 병사가 있는데 한눈에 봐도 "저 우울해요"라고 쓰여 있었다. 주임원사는 항우울제를 복용하고 있는데 자살할까 걱정이라고만 했다. 말끝에 병사들이 한 달에 한 번 약을 타러 병원에 가는데 외출에서 돌아오는 길에 상담을 받게 해주면 좋겠다고 했다. 군대에 예산이 없다며 도와달라는 말에 아들 또래라 마음이 쓰여 그만 "그러세요" 했다.

이 말을 들었던 상담실 팀장은 할 일도 많은데 일을 만들어 왔다며 타박했다. 상담실 선생님들은 군인 아저씨에게 위문편지를 쓰던 세대라 이들이 오는 날에는 과자와 음료수 등 달달한 간식을 준비했다. 군대에 갈 아들이 한두 명은 있어서 자식 대하듯 정성을 다했다.

부모를 떠나 군대에서 집단생활하는 것만으로 트라우마가 될 수도 있다. 이 나라에서 피할 수 없는 것이 병역 아닌가. 남자들이 가장 무서운 꿈은 재입대하는 꿈이라고 하지 않던가.

한 달은 빨리도 돌아온다. 병사들은 상담실에 와서 각자 어려움을 이야기한다. 자신들은 몹시 힘든데 다른 병사들이 훈련 안 하고 원사실에서 소위 '꿀을 빤다'라고 눈치를 주어 속상하다고 했다. 자기들은 힘들게 훈련하는데 원사실 병사들은 놀고 있다고 하는 소리를 참아 넘기는 것이 힘들다고 했다.

이들은 죽고 싶을 만큼 힘든데도 제대 날이 있으니 버티는 거다. 이병이나 일병은 상병, 병장이 되면 호전된다. 계급이 높아진다는 것은 제대할 날이 가까워지는 거니, 남은 날보다 지나간 날이 많으면 그래도 견딜만한 모양이다.

하사도 한 명 있었다. 힘들면 제대하면 될 일을 왜 버티는지 의아했다. 그가 군대에 남겠다고 한 이유는 병사들과 달랐다. 부모님이 이혼하고 형도 결혼해 제대해도 돌아갈 곳이 없다. 부정교합이 심해 음식 먹기도 힘들어 몸이 비쩍 말랐다. 아래턱이 나와 있어서 치료하려면 돈을 벌어야 하는데, 6개월 후면 1차 수술을 할 수 있다며 들떠 있었다. 학창 시절에 친구들에게 놀림 받았고 대인관계도 어렵다고 했다.

상담할 때 말이 어눌하여 집중해도 알아듣기 어려웠다. 나라를 구할 것도 아닌데 이럴 때 어른으로 부모로 미안한 마음이 들었다. 힘겹게 견뎌내는 그 모습이 대견하여 마음이 짠했

171

다. 마음뿐이어서 미안하지만 할 수 있는 거라곤 응원뿐이었다. 그러다 언제부터 차 한 대에 탈 수 있는 정원 때문인지 하사는 오지 않았다. 예컨대 간부가 상담을 받는 것이 눈치 보이는 모양이었다.

집단실에서 대기하고 한 명씩 개인 상담을 하면 이른 저녁이 된다. 군대 밥보다는 짜장면이 나을 것 같아서 물어보면 영락없이 좋아했다. 밖에서 먹는 밥은 뭐든 좋다고 미소를 지었다. 돈가스, 스파게티, 햄버거를 먹으러 가는데 내가 한번 계산하면 주임원사가 번갈아 사비를 털었다.

군대 엄마나 바깥 엄마나 자식 얼굴 밝은 게 좋았다. 무사히 제대하기를 바라는 마음도 같다. 카페에서 달콤한 아이스크림이나 아이스 라떼로 마무리하면 병사들 얼굴이 훤해지며 미소가 번진다. 병사들은 자신들만 누리는 반나절의 호사에 몸도 마음도 풀린 모양이다. 무사히 제대해라. 우리 모두의 바람이다.

제대 한 달 남기고 상담을 마치던 날 한 병사가 휴대 전화 번호를 알려 달라고 했다. 일본어를 전공하고 있던 대학생이었는데 무사히 제대해서 일본으로 유학 간다는 문자를 받았다. "내가 이렇게 기쁘니 부모님은 얼마나 기쁘실까?" 하니 긍정의 답이 돌아왔다. 이제 직장 다니고, 결혼해서 가정 꾸릴 나이가 되었다. 나를 만난 것이 막막한 인생의 터널에서 작은 숨구멍이 되어 버틸 힘이 되었기를 바란다.

우린 못 봤어요

보호관찰소에 강의하러 갔다. 강사들이 가장 어려워하는 대상을 만나러 간 거다. 가장 어려운 대상은 교장 선생님도 교도소 재소자도 아니다. 바로 '청소년'이다. 그것도 강제로 의무 교육을 받는 경우는 더욱 어렵다. 청소년을 만나러 가는 날은 아침밥을 든든하게 먹고 마음도 단단하게 잡고 간다. 처음 강의 갔던 날, 보호관찰소 소장님이 한 아이가 한 말을 들려주셨다.

"저 잘못한 거 알아요. 더 노력할게요. 근데 우리 부모님 오시면 좀 싸우지 않게 교육 좀 단단히 해주세요. 집에 있을 수가 없어요."

아이를 생각하니 우습기도 했고, 뒷말이 자꾸 떠올랐다. 나도 부모인지라 내 아들도 그런 마음일까 생각하니 부끄러웠다. 아이들도 자기 부모를 어쩌지 못한다는 이야기로 들렸다. 나는 어떻게 살고 있나 생각하니 얼굴이 화끈거렸다. 내가 교육을 할 것이 아니라 받아야 할 것 같은 마음이었다. 부모 교육에 오는 부모는 죄인처럼 고개를 숙인다. 그러고는 이런 말과 함께 자식 편을 든다.

"우리 애는 잘못 없어요. 제가 잘못 키웠고, 나쁜 친구를 사귀어서 그래요."

보호관찰소 강의를 다닌 지 5년째 되던 어느 날. 강의장에 들어서니 열 명의 남녀 중고생이 드문드문 앉아 있었다. 조사관이 시작을 알리니 엎드려 있던 아이가 부스스 일어나 삐딱하게 앉았다.

오늘 할 것을 안내한다. 강사를 소개하고 참가자들의 소개 시간. 자기소개는 하루 동안 불리고 싶은 별칭을 첫 느낌으로 지어 부른다. 셋이 팀을 지어 자신이 지은 것과 친구 둘에게 받은 것을 합하여 셋 중 자신이 원하는 것으로 골라 명찰에 써서 목에 걸게 한다. 곰탱이, 저승사자, 사랑이, 희망이 등. "지금부터는 별칭으로 부르는 거예요." 별칭으로 부르면 기억하기도 쉽고 마음이 한결 자유롭다.

집단 프로그램에서는 친밀감 형성이 중요하다. 청소년 상담할 때는 말로만 하면 시간이 걸리고 힘들다. 그래서 몸을 움직이는 활동을 하면 빨리 친해진다. 의자에 둥그렇게 둘러앉아 '당신은 이웃을 사랑하십니까'를 한다.

"당신은 이웃을 사랑하십니까?"

"예/아니오."

"어떤 이웃을 사랑하십니까?"

"안경 쓴 이웃을 사랑합니다."

이런 식으로 해당하는 사람이 의자를 바꾸어 앉는다. 이 활동을 하는데 짓궂은 한 아이가 갑자기 의자를 빼서 다른 아이가 뒤로 꽝 넘어졌다. 다행히 다치지는 않았지만 다른 집단에서 볼 수 없는 일이 생겨 놀랐다.

오후 프로그램 시작 전, 양치하고 돌아와 가방에서 휴대 전화를 꺼내려는데 있어야 할 빨간 장지갑이 보이지 않았다. 당시 교탁 밑에 가방을 넣어 두었고, 강의실에 아이들이 여러 명 있어서 평소대로 다녀왔다. 5년 동안 같은 곳에 가방을 두어서 이런 일이 일어날 줄 몰랐다. 여기서 문제를 일으키면 가중 처벌되고 교육 시간이 연장된다는 것을 아이들은 알고 있었다.

설마 하는 마음으로 조사관에게 분실 사실을 알렸다. 조사관은 아이들에게 움직이지 말라고 하고 화장실과 복도, 창틀을 샅샅이 찾았다. 영화에서 나오는 형사처럼 변기 물통 속도 살펴보고 수도 계량기함도 열어보았으나 지갑은 보이지 않았다. 강의실로 돌아온 조사관은 아이들에게 눈을 감게 했다. 조사관이 지금이라도 자수하면 용서하겠다고 하자 아이들은 "우린 못 봤어요" 하며 억울해했다.

조사관은 1층 CCTV를 확인하자고 했고, 교정 시설 교육장에서 일어난 일이라서 어물쩍 넘어갈 수 없다며 학생들을 확인할 때까지 대기시켰다. 순간 강의실 분위기가 싸늘해졌다. 같이 있던 아이들이 봤을 텐데 아무도 말하지 않았다. 열 명이 똘똘 뭉쳐서 누군가를 지켜주고 있다고 생각하니 무섭기도 하고 그들의 의리 있는 행동이 놀랍기도 했다.

지갑 안에는 주민등록증, 운전면허증, 카드 등이 들어있고, 현금 십여만 원과 동전 몇 개가 있었다. 현금은 그렇다 치고 신분증과 카드 분실 신고할 일에 머리가 아득했다. 교정 시설에서 부주의로 아이의 처벌이 가중될 거라는 생각에 이르자 '내가 관리를 잘했어야 한다'라는 자책의 마음이 들었다.

절도, 폭력을 하여 교육 명령을 받은 아이들인데 까마득히 잊고 있었다. 아이들이 아이스크림을 사달라고 조르며 애교를 떨면 못 이기는 척 사주곤 했었다. 아들 또래의 아이들이라 안쓰럽기도 하고 하는 짓이 예뻤다. 그렇게 믿음과 정이 쌓였던 아이들이라 이런 일이 있을 거라는 생각을 못 했다. 오전에 옆자리에 앉았던 여학생이 화장실 근처에 서성이고 있다가 눈이 마주쳤다. 여학생은 내게 조용히 말했다.

"선생님, 어떤 애가 뒷골목 담장으로 무언가 던지는 것을 봤어요. 선생님 제가 말한 것은 비밀로 해주세요."

알려준 곳에 가보니 담장과 담장 사이에 빨간 장지갑이 있었다. 지갑을 열어보니 현금은 없고 신분증과 신용카드는 그대로 있었다. 한숨 돌리며 지갑을 찾은 것만도 다행이라고 마음을 쓸어내리며 강의장으로 돌아왔다.

강의장의 분위기가 바뀌어 있었다. 아이들에게 애정이 있는 조사관의 표정부터 달라 보였다. "모두 눈감아." 조사관은 이미 CCTV로 정황을 확인했으니, 탁자 위에 훔쳐 간 돈을 올려놓으라고 단호하게 말했다. 순하디순한 조사관이 무서운 목소리로 말해 나도 놀랐다. 시간이 흐르자 억울하다며 몇몇은 짜증을 냈다. 그때 키가 큰 남학생 하나가 아무렇지 않게 탁자 위에 돈을 올려놓고 자리에 앉았다. 조사관이 나가고 남은 시간은 어찌어찌 수업을 마쳤다.

한 아이의 행동으로 나머지 아이들이 도둑으로 몰렸으니 분위기가 말이 아니었다. 조사관은 사무실에 가방을 보관할 수 있는 사물함을 마련하겠다며 난감해했다. 하지만 이런다고 교정이 될지 의문이 들었다. '손버릇을 어떻게 고쳐? 어떻게 선생님 지갑에 손을 댈 수 있지?' 하는 괘씸한 마음이 들었다. 그러나 순간 어쩌면 한 아이는 교정 중일 거라는 믿음이 생겼다. 용기를 낸 여학생의 눈빛이 떠올랐기 때문이다.

'모두를 바꾸게 할 능력이 내겐 없다. 한 명의 진심 어린 눈빛이면 충분하다.'

그런 마음이 드니 따뜻해졌다. 그 해는 아무 일 없이 지나갔고, 이듬해에 건강을 이유로 사양했다. 사실 나도 많이 놀랐다. 내 마음이 흔들려서 괜찮은 척할 수가 없었다. 회복할 시간이 필요했고 무너진 믿음을 회복하려면 장소와 거리두기를 해야 했다.

속수무책

"선생님, 빨리 경찰서로 긴급심리지원 가주세요."

다급하게 전화가 왔다. 일정을 조정하여 경찰서로 향했다. 긴급심리지원이 필요한 팀의 인원은 여섯 명이었다. 당시 팀원들은 가나병원에 세 명, 한방병원에 두 명, 자택에 한 명으로 각각 흩어져 있었다. 이럴 때는 도시 이쪽저쪽을 오가며 상담해야 해서 몸은 고단하겠지만 어쩌겠는가. 본서 담당자가 일정과 동선을 알려주지만 긴급 상황에는 우선 가장 높은 직급을 만나야 일이 순조롭다. 자신이 팀원을 못 지켰다는 죄책감과 징계에 대한 불안이 가장 높아서다.

만나서 이야기를 들어보니 퇴직을 코앞에 둔 베테랑 경위

181

도 칼을 휘두르는 취객 앞에서는 속수무책이었다. 겨울이라 파카가 두꺼워 테이저건이 소용없었고, 장소가 노래방인지라 어두워 총을 쏠 수도 없었다고 했다. 팀원 여섯 명이 칼을 나누어 맞아서 사망자는 없다고 했다. 그때 나는 이들의 첫마디에 놀랐다.

"다행이에요. 시민은 하나도 안 다쳤어요. 그런데… 징계받을 텐데 어쩌죠…."

자신이 몸에 칼을 맞아 생사가 걸렸는데도 징계를 걱정하는 그들이 안쓰러웠다. 경찰이기 전에 인간이고 처자식이 있는 가장, 한 집안의 아들이다. 그리고 자신이 위태로운 상황에서도 시민을 구한 위대한 영웅이다. 그런 그들의 그림자는 가족 걱정과 징계였다.

당시 팀원 중 막내 순경이 가장 많이 다쳤다. 경험은 없는데 용기와 자신감이 충만해서였다. 막내 순경은 다친 팀원들을 병원에 이송하고 나서 자신의 다리를 보니 피가 굳어 바지가 딱딱하고 아프더라고 했다. 가장 많이 다쳤는데 윗사람들 챙기느라 아픈 줄도 몰랐던 거다. 어찌 그렇게 미련하냐는 말이 목 끝까지 차올랐다. 그러나 그 순경은 같은 상황이 되어도 똑같이 할 거라고 했다. 뼛속까지 무장 되어야 경찰이 되는가 보다.

"경찰이기 전에 한 인간입니다. 경찰도 무서울 수 있고, 다치면 아픕니다. 그러니 아프면 아프다고 하세요. 힘들면 자신을 돌보세요. 그러셔도 괜찮습니다."

경찰 상담을 할 때 이런 말을 하면 얼굴이 환해진다. 그리고 마지막으로 한 번 더 당부의 말을 전한다.

"그 순간 최선을 다하셨잖아요. 할 수 있는 일을 다 하셨으니 이제 자신을 돌보셔요."

혹시 남자 아니세요?

상담실 홍보를 위해 캠페인을 할 때였다. 점심시간이라 직원들이 한꺼번에 몰려왔다. 50대 남자는 부부 갈등으로, 40대 여성은 자녀 문제로 상담을 신청했다.

20대 내담자가 신청서를 작성하고 있는데 눈이 갔다. 신청서에는 여성에 체크했는데 머리 모양, 옷차림이 여자로 보이지 않았다. 이름을 보니 '한결'이라 이름으로 구별도 어려웠다. 나는 조심스럽게 "신청서는 여성에 체크하셨는데 남성처럼 보이시네요. 혹시…" 하고 물었다. 한결 씨는 빙긋 웃으며 말했다.

"선생님, 저 여자 맞아요. 상담받고 싶은데 어떻게 하면 돼요?"

그렇게 한결 씨와 며칠 뒤 예약한 시간에 만났다. 내가 한 말이 마음이 쓰여 안 올지 모른다고 생각하고 있어서인지 몹시 반가웠다. 상담실에 마주 앉자 한결 씨는 이렇게 말했다.

"선생님이 남자로 봐주시고 솔직히 말씀해 주셔서 감사했어요. 다들 그렇게 보이는데 말 안 하고 힐끗거리거든요. 선생님은 이해해주실 것 같았어요."

그 말을 듣고 걱정되어 쪼그라들던 마음이 조금씩 펴졌다. 하지만 이어진 다음 말이 나를 더 당황하게 했다. "바로 밑에 여동생이 성폭력을 당했어요. 가족 모두 개명하고 이사했어요. 그리고 저는 동성애자예요." 나도 한때는 동성애가 이해 안 됐고 이상하다고 생각했다. 몇 년 전 동성애에 대한 강의를 들은 적이 있다.

강사의 강의는 인상적이었다. 사람들이 자신에게 동성애자냐고 하면서 자신은 이성애자라고 소개하지 않는다는 거였다. 사랑하는 사람이 같은 성(性)일 뿐이라고도 했다. 명절이나 가족 행사에 같이 갈 수 없고 당당하게 말할 수 없는 것이 불편하다고 했다. 그 강의를 들으며 동성애에 대해 완전히 이해할 수는 없지만 사랑의 모습이 다양하다는 것을 알았다. 대상에 대한 이해가 있어서인지 한결 씨의 말이 잘 들렸다.

한결 씨는 사람들 시선 때문에 여자친구와 자유롭게 못 만난다고 했다. 그리고 여느 연애처럼 한 사람과 사랑하고 헤어지고 만나기를 반복한다고 했다. 20대에게 있는 고민이었다. 직장 생활의 어려움, 엄마에게 소개 못 하는 애인 이야기를 했다.

"선생님은 저를 있는 그대로 봐주시는 것 같아요."

알아주어 고마웠다. 편견 갖지 않고 들으려 했고, 그가 선택한 사랑을 응원했다. 사람의 모습이 각각 다르듯이 사랑의 모습도 사는 모습도 다른 거니까 말이다.

상담실 계약이 만료되던 날 한결 씨는 나를 위한 특별한 송별회를 해주고 싶다며, 친구 둘과 같이 나왔다. 간단한 저녁 식사와 안주로 곱창을 먹고, 락 카페에서 모히또도 마셨다. 모두 젊은 청춘들이어서 나의 어정쩡한 모습에 주위 사람들이 힐긋거렸다. 한결 씨의 권유가 아니었다면 못해 볼 경험이어서 재미있었고, 그 마음이 고마웠다. 서로를 알아보는 고마움이 있다.

내담자와 상담실 밖에서 만나거나 식사하는 일은 가급적 하지 말아야 할 사항이다. 20년 상담하며 서너 번의 외부 식사가 있었다. 상담실 밖 내담자들의 모습은 더 편하고 자연스러웠다.

보통 외부 식사를 할 때는 상담이 종결된 이후였고, 그 후로는 사적으로 만나지 않는다. 한 번의 식사 경험이 긴 상담보다 치료적일 때가 있다. 상담자 내담자가 아닌 존재와 존재의 인간적 만남이어서일 것이다. 한결 씨가 근무하는 곳을 지날 때면 그 밤의 대화와 장면이 떠오른다.

어찌 지내세요?

결혼 3번, 이혼 3번

"선생님, 제 와이프는 미친년입니다."

까무잡잡한 얼굴의 민석 씨는 경상도 사투리가 정겹다. 하지만 그날따라 민석 씨는 격양돼있었다. 그의 말에 따르면 가정이 있는 여자가 겨우 눈만 뜬 어린아이들을 팽개치고 나가서, 밤늦게까지 돌아오지 않는다는 것이었다. 민석 씨의 말만 듣고는 자세한 상황을 알 수 없어 아내를 만나기 위해 방문을 요청했다. 민석 씨의 아내 가영 씨는 수줍게 상담실 문을 열고 들어왔다. 그리고 자신의 속내를 털어놨다.

"남편과 같이 있으면 숨이 막혀요. 저를 쥐 잡듯이 해서 살수가 없어요. 일하고 온 건데 늦게 들어온다고 저 난리예요."

부부에게 MBTI 성격 유형 검사를 권했더니 두 사람 다 처음이라고 했다. 검사 결과는 놀라웠다. 두 사람의 성향은 완전 반대였다.

연애할 때는 자신과 같은 유형에게 끌리지 않는다. 반대 성격 유형의 사람에게 끌린다. 서로 자기가 갖지 못한 부분을 가지고 있어 매력적으로 보인다. 민석 씨는 연애할 때 가영 씨가 따뜻하고 보드라워서 보듬어 주고 싶은 사람이었다고 했다. 그런데 결혼하여 보니 외계인 같은 느낌이라서 사사건건 부딪친단다. 요즘 말로 '로또 부부'다. 매주 설레는데 성격이 잘 안 맞는다나.

부부 상담에서 서로의 성격 유형만 알아도 관계가 달라진다. 서로를 모르다가 알게 되면 "아니, 당신이 이런 사람이었어?"라는 반응이다. 이들 부부는 서로가 달라도 너무 다르다.

민석 씨는 ISTJ, 가영 씨는 ENFP. 'ISTJ 유형'은 책임감이 강하다. 타인의 감정보다는 사실에 대해 정확한 것을 좋아한다. 현실적인 사람으로 규범과 일관성을 중시하는 사람들이다. 반면 'ENFP 유형'은 감수성이 풍부하고 충동적인 에너지를 가지고 있다. 반복적이고 일상적인 일을 견디지 못하는 경향이 있다. 즉흥적으로 새로운 일을 시작하고 또 다른 일을 하는 열정이 있는 사람들이다.

성격 유형이 다르면 생각하는 방식도 다르고 감정을 느끼는 방식이 모두 다르다. 사고형(T)은 생각을 주제의 초점에 맞추어 조곤조곤 이야기한다. 감정형(F)은 자신이 느낀 것을 표현하고 기분이 좋았다가 나빴다가 해서 전혀 예상치 못한 말을 하기도 한다. 감정형에게는 공감이 필요하다. 감정 없이 객관적이기만 한 이성형과 대화하면 자기를 무시하거나 존중하지 않는다고 생각하여 도망가거나 딴 이야기를 한다.

민석 씨는 가영 씨와 세 번째 결혼이다. 첫 번째 결혼은 20대 초에 딸 하나를 낳고 헤어졌다. 두 번째 결혼은 1년 정도 살다가 이혼한 뒤에 가영 씨와 만났다. 건설회사에 다니는 민석 씨는 가영 씨와 이혼만은 안 하고 싶다고 했다. 두 번 이혼한 것도 사람들이 이상하게 보는데 세 번 했다고 하면 사람들이 자신을 사람 취급 안 할 거란다. 더군다나 부모님에게 면목이 없어 이혼만은 안 하고 싶다고 도와달라고 했다.

가영 씨는 임용고사에 떨어져 기간제 교사를 하고 있다. 부잣집에 시집을 갔는데 번번이 시험에서 떨어지자 남편 등골

빼먹는 여자 취급을 해서 힘들었다고 했다. 전남편과 헤어졌을 때 친구 소개로 민석 씨를 만났다. 민석 씨는 성실한 사람으로 집안 살림만 하라고 해서 좋았다고 했다.

그러나 가영 씨가 집안일을 열심히 해도 민석 씨 마음에 들지 않아서 자주 다투었다고 했다. 가영 씨는 '집에 오면 집안 살림이 엉망이라 쉴 수가 없다'는 남편의 푸념에 일을 해야겠다고 생각했다. 그래서 다섯 살, 두 살 난 남매를 어린이집에 맡기고 일을 시작했지만 늦게 들어오면 남편은 폭언을 하고, 같이 근무하는 연하의 남자 선생님과의 관계를 의심했다. 가영 씨는 힘들었던 속내를 털어놓으며 눈물을 흘렸다.

아내의 외도를 의심하는 꼼꼼한 민석 씨는 가영 씨의 뒷조사를 했다. 카드 명세서를 확인해 모텔의 CCTV를 확보하고, 차량 내비게이션까지 확인하고서야 심증이 확신이 되어 아내를 때렸다. 아내가 다니는 학교에 찾아가 차량의 문을 부수고 상대 교사에게 욕설과 난동을 피우자 가영 씨는 집을 나갔다.

민석 씨는 창피하여 살 수가 없다며 직장을 그만두고 이사가야겠다고 했다. 이사 가기 전날 상담실로 인사를 왔는데 민석 씨의 뒷모습이 어찌나 쓸쓸하고 짠하던지 마음이 아팠다.

민석 씨는 아이들을 할머니에게 맡기기 위해 어머니 집으로 이사를 했고, 그곳에서 취업했다며 문자를 보냈다. 그 후 명절이 되면 민석 씨에게 문자가 왔다. 그러다 어느 날은 장문의 문자와 전화가 왔다. 10년이 지났는데 갑자기 연락이 와서 난감했다. 민석 씨의 첫 마디는 이랬다.

"제 딸이 자기 엄마와 똑같아요."

중학생인 딸이 가출해서 전화도 받지 않고, 죽겠다고 하는데 어찌해야 할지 모르겠다는 것이다. 세 살 터울의 아들은 딸과 반대로 공부도 잘하고 말을 잘 듣는다며 자신이 뭘 잘못한 건지 모르겠다고 하소연했다.

민석 씨의 "제가 뭘 잘못한 걸까요?"가 맴돌았다. 나 자신에게 했던 질문과 같았다. 자식이 잘못되면 인생을 잘못 산 것 같은 마음이 들었다. 민석 씨는 억울하다고 했고, 나도 같은 마음이었다.

이혼해서 엉망이라는 말을 듣고 싶지 않아 열심히 살았다. 훗날 만났을 때 자식에게 부끄러운 부모가 되지 않으려 노력했다. 아들이 힘든 모습을 보이거나 내 탓을 하면 억울한 마음이 든다.

민석 씨는 아이들에게 엄마 빈 자리를 채우려고 직장생활도 살림도 열심히 하는 성실한 아빠다. 그런데 사실 그 '열심'이 문제다. 아이들은 그 열심히 하는 부모에게 불평도 못 하고 숨 막히는 것을 부모는 모른다. 부모는 자신의 인생을 열심히 살았을 뿐이다. 자신이 할 수 있는 걸 했을 뿐이다. 그래서 아이들의 말에 마음이 아프다. 우리가 잘못 산 것도 잘못한 것도 아니다. 삶이 그런 거다. 훗날 민석 씨의 딸이 엄마에게 가겠다고 하여 보내야 할지 물은 적이 있다.

"엄마인데 당연히 보내야지요. 가고 올 수 있도록 하세요."

상담은 상담료에 비례한다

'심리상담연구소', '심리상담센터', '심리상담소', '아동발달 센터', '가족상담센터'부터 기업형 상담센터 등 수많은 상담센 터가 있다. 뭐 눈에는 뭐만 보인다고 건물마다 한두 개의 상담 실이 보인다.

상담실에 상담원 구하기가 어렵다는 우스갯소리가 있다. 상담자는 대부분 모두 소장이고 상담원을 하려는 사람이 없 다는 거다. 이럴 만큼 상담소가 많다는 말이기도 하다. 국가보 조금을 받아 운영하는 가정폭력상담소, 성폭력상담소, 건강가 정지원센터까지 알고 보면 상담소 천국이라고 할 만큼 많다.

보조금으로 운영되는 상담실은 무료 상담을 해준다. 무료 상담을 한다고 상담사의 자격이나 학력, 경력이 부족한 건 아 니나 상담을 무료로 하는 경우 내담자가 예약하고 안 오는 경우가 많다. 내담자 마음만 그런 건 아니다. 상담자도 상담료를 많이 받으면 효과를 기대하기 때문에 열심히 준비한다. 어쩔 수 없는 자본주의 속성이다.

상담 시 주로 말하는 사람은 내담자다. 내담자와 상담자의 대화는 8 대 2나 7 대 3 정도가 적당하다. 내담자는 말을 하고 돈을 낸다. 상담자는 내담자의 힘든 이야기를 집중해서 듣는 대가로 상담료를 받는다. 힘든 이야기를 집중해서 한 시간 이상 듣는다는 것은 중노동이다. 의사는 아픈 사람을 만나고 상담사는 마음이 힘든 사람을 만나 몸과 마음을 어루만진다.

그 대가가 가혹할 때도 있다. 하루 네 명 이상 상담하면 사람이 싫어진다. 집에 돌아가서도 가족이 힘든 이야기를 하려고 하면 "돈 안 내면 안 들어"라고 할 때도 있다. 생각보다 상담자는 감정노동자로 노동 강도가 세다. 초심 상담자일 때는 집에 와서도 운전할 때도 내담자 생각이 났다. 그러다 좋지 않은 이야기가 떠오를 때면 '이러다 미쳐버리는 건 아닐까?' 싶을 때도 있었다. 그리고 가끔 이런 질문을 받을 때가 있다.

"선생님, 그 많은 이야기를 들으시고 마음이 복잡하진 않으세요? 스트레스 관리를 어떻게 하세요?"

경력 20년 차 상담사인 나는 이렇게 답한다. "저는 상담실 문을 닫으며 이야기는 거기다 두고 와요." 생각이 안 나는 건 아니다. 그렇지만 나도 생활이 있고, 내 삶이 있는데 그 무거운 짐을 집에 가져갈 수 없어 나름대로 주문을 걸어 본다.

점괘는 복채, 상담은 상담료에 비례한다. 이건 틀림없는 사실이다. 어떤 때는 돈을 돌려주고 오지 말라고 하고픈 사람도 있다. 도돌이표를 찍듯 이어 붙이기를 하며 진전 없이 지루한 경우다. 반대로 상담료 받기가 미안할 정도로 상담에서 힘을 얻는 때도 있다. 스치듯 한 조언을 가슴에 새겨 실천하고 감사하다고 한다. 한결같이 상담하는데 결과가 다르니 재밌다.

애 아빠가 누구인 줄 알고

"여자친구가 임신했어요. 도와주세요."

고등학생이 전화를 했다. 이런 경우 난감하다. 충동적이고 호기심이 많은 나이라는 걸 안다. 어린 것들이 어쩌자고 일을 벌였는지 하는 엄마의 마음이 올라온다.

전화로 먼저 간략히 이야기를 나눴다. 남학생은 집이 멀어서 학교 앞에 방을 얻어 살았는데 지금은 여자친구와 같이 보내는 시간이 많다고 했다. 그러다 여자친구는 임신으로 배가 불러와서 학교를 그만두었고, 자신은 학교에 다니고 있다며 울먹였다. 여학생이 상담소에 올 수 있도록 안내하고 미혼모 시설에 연락했다. 상담 날 고등학교 2학년 여학생이 만삭의 몸을 하고 왔다.

문 앞에서 쭈뼛거리다 상담실로 들어와 망설이며 조금씩 말하기 시작했다. 여학생은 부모님은 안 계시고 할머니와 살고 있었다. 할머니가 임신한 제 손녀를 보며 '계집애가 몸을 함부로 굴리고 다녀 사단이 났다', '동네 창피하니 나가'라고 했다며 울먹였다.

임신 초기에 수술하려고 했지만 무서워서 못하고 시간만 흘렀다고 했다. 남자친구가 엄마에게 도움을 요청했지만 돌아온 것은 차가운 말과 거절이었다.

"애 아빠가 누군 줄 알고?"

이에 여학생은 아이를 꼭 낳아서 유전자 검사로 확인시켜 복수하겠다고 했다. 그 이야기를 듣는데 얼마나 상처가 되었으면 이런 말을 할까 싶어 마음이 아팠다.

임신 9개월이 되면 미혼모 시설 입소가 어려울 수 있다. 이런 경우 아이를 키울지 입양 보낼지 결정해야 한다. 이런 마음으로 낳은 아이를 어찌 키울꼬. 뱃속에서 생명이 자라고 있다.

배 속 아이가 어른들 사정을 아는지 모르는지 걱정이 앞선다.

사랑이든 불장난이든 같이 했는데 미혼모는 있고, 미혼부는 없다. 여학생은 학교를 그만두고 아이를 키우는데 남학생은 학교에 다니고 대학에 진학하기도 한다. 나도 아들이 있으니 나라면 어떤 결정을 할까 돌아보게 된다.

수많은 상담을 하다 보니 혼전 임신을 보는 시선이 달라졌다. 부부 상담 시 혼전 임신으로 시작한 결혼이 파국으로 가는 경우를 종종 본다. 원하는 임신이 아니어서 상대에게 원망하는 마음을 갖는다. 더 나쁜 상황은 자녀에게 평생 지울 수 없는 가시 같은 말을 내뱉기도 한다.

"너 때문에 엄마(혹은 아빠) 인생이 이렇게 됐어!"

태어난 아이는 선택권이 없는데 상처가 되는 말을 듣게 된다. 그래서 결혼 준비를 하는 예비부부를 만나면 해 주고 싶은 말이 있다.

"결혼하고 일 년 정도 있다가 아이를 가지세요. 연애하는 것과 결혼생활은 달라요. 가사 분담도 하고, 하고 싶은 것도 하고 둘만의 적응 기간을 갖는 것이 좋아요."

관련 상담 중 기억에 남는 청년이 있다. 청년은 결혼하면 유럽 여행을 다녀와서 아이를 가질 계획이라고 했다. 그때 청년의 말을 듣고 어찌나 기특했는지 아직도 기억이 뚜렷하다.

"아이가 태어나면 긴 여행 하기 어렵잖아요. 둘만의 좋은 기억으로 아이를 낳아 기르면 잘할 수 있을 것 같아요."

당시에는 '나도 그러고 싶다!'라고 외칠 뻔했다.

그만큼 결혼 생활의 풍파를 지나가려면 젊은 날 둘만의 달콤한 시간이 필요하다. 결혼 예정이신 분들! 좋은 추억을 많이 저축해 놓았다가 힘들 때 꺼내쓰세요!

저는 부모님이 이혼한 거
잘했다고 생각해요

중학교 1학년 여학생이 게임 과몰입으로 상담을 받으러 왔다. 상담실 입구에서 친구를 만났는데 서로 인사를 안 했다고 한다. 이유를 물으니 이렇게 대답했다. "이런 곳에 오는 게 좋은 건 아니잖아요." 서로 쳐다보며 난감했을 아이들을 생각하니 안쓰러웠다.

함께 온 여학생 엄마가 할 말이 있다고 했다. 몇 년 전 남편과 이혼하여 친정이 있는 곳으로 이사를 왔다고 했다. 아이가 말은 안 하지만 분명 아이에게 상처가 있을 것 같은데 어떻게 해야 할지 모르겠다며 말을 흐렸다. 엄마는 공무원 시험에 합격하여 늦은 나이에 직장 생활을 하려니 모든 게 서툴러 주말에도 출근하고 있었다.

아이는 엄마가 생각하는 것보다 밝고 씩씩했다. 학교에서 하는 검사에 솔직하게 대답해서 오게 된 것 같다고 투덜댔다. 약삭빠른 아이들은 검사 문항에 '게임'을 적게 한다고 해서 빠져나갔다고도 했다. 자신은 친구들과 비교해도 많이 하는 편이 아니라며 상담에 오게 된 걸 억울해했다. 게임 이야기, 친구 이야기를 하다가 부모가 이혼한 이야기를 하게 됐다. 아이는 쿨하고 밝게 답했다.

"저는 부모님 이혼한 거 잘했다고 생각해요. 아빠가 사는 모습을 보면 우린 희망이 없거든요. 엄마가 행복해 보이고 저도 좋아요."

그 상담 후 주말에 지인을 만났다. 올해 퇴직하는데 61세 환갑이라고 생각하니 갑자기 늙은 느낌이라고 했다. 아내와 5년간 별거하다가 지난주 협의 이혼을 했다며 만감이 교차하는 표정이었다. 삶의 전반전을 정리하고 직장도 인생도 새롭게 시작하고 싶다고 했다. 30년 근무한 회사에서 하는 정년퇴직 워크숍에 직원들은 부부가 왔는데 딸과 가려니 가고 싶지 않았다고 했다. 그런데 막상 가보니 혼자 온 사람도 여러 명 있어 딸과 같이 가게 된 것이 다행이라고 했다. 이러면서 이혼에 적응하는 것 같다며 이제 잘해보고 싶다고 했다. 워크숍을 마치고 돌아오는 차에서 딸과 나눈 대화에서 왈칵 울음이 났다고 했다.

"딸~ 아빠가 엄마에게 잘하고 참고 살았으면 좋았을 텐데 지금이라도 그럴까?"

"아빠. 어렵게 결정했는데 왜 그런 말을 해, 아빠가 할 수 있으면 벌써 했겠지~"

부모가 자식에게 짐을 지게 했다는 미안함에 한 말이었는데 딸이 아빠를 이해한다는 마음이 느껴져서 고마웠다고 했다. 그 후로 딸 자랑이 이어졌다.

딸이 남자친구를 사귀면서 엄마 아빠를 이해하는 것 같다며, 다른 사람(여자)을 만나면 너무 기대하지 말고 편하게 살라고 부탁도 했다고 했다. 어느새 훌쩍 커버린 자식에게 위로를 받는다며 딸이 좋아하는 딸기를 챙겼다.

딸이 매주 한 번씩 아빠와 식사하는데 하루는 미안해서 바쁘고 힘들면 안 와도 된다고 하자, 딸이 와서 좋으면 그냥 좋아하면 되지 꼭 그렇게 마음에 없는 말을 하느냐고 눈을 흘겼다고 했다. 딸과 하는 식사 시간도 여행도 자신에게 너무 소중한데 부모님이 하던 옛날 방식대로 딸에게 하니 핀잔이 돌아온다며 아쉬워했다.

이혼한 가정을 결손가정, 한부모 가정이라고 한다. 아무리 중간적인 단어를 써도 당사자의 마음은 여전히 아프다. 겉으로는 괜찮아 보이는 가정도 그 속내는 마치 '사랑과 전쟁' 영화를 찍고 있다. 그런데 법적으로 이혼한 가정을 결손가정이라고 분류해 문제가 있을 거라는 편견의 눈으로 본다. 부모가 이혼한 것보다 그들을 보는 시선 때문에 더 힘들다.

두 딸의 이야기를 들으며 "잘 컸네"라는 말이 절로 나온다. 부모의 어쩔 수 없는 상황을 인정하고 자신의 삶을 담담히 살아가는 모습이 어여쁘다. 딸의 말이 진심이든 아니든 마음이 따스해져 눈시울을 적시며 짐을 조금 내려놓고 살고 있을 부모에게 따스한 위로를 전한다.

PART 4

나는 상담사다

"계집애가 대학은 무슨 대학. 고등학교 나와서 취직해."

여고에 진학하고 나서 엄마에게 들은 말이다. 큰언니는 이
화여대에 장학생으로 다니다 형부를 만나 자퇴했다. 작은언니
에게 엄마는 "네가 엄마를 도와줘야겠다. 여상 나와서 취직하
렴" 하며 손을 꼭 잡고 부탁했단다. 착한 언니는 군말 없이 여
상에 갔다. 같은 이유로 여동생도 여상. 기억나지 않지만, 내게
도 같은 말을 했을 거다. 하지만 나는 인문계에 갔다. 아버지
가 쓰러지신 후 집에서 하던 주유소는 다른 사람 손에 넘어갔
다. 엄마는 자신의 배움이 짧아 그렇다며 공부 못한 것이 한이
된다고 하셨다.

나는 지방대 대학을 졸업했고, 배움이 고팠기에 대학원에

들어갔다. 사회생활을 하다가 들어간 대학원 공부는 재미있었다. 나를 알아가는 공부였다. 입학하고 첫 수업, 자기소개 시간이었다. 한 학생이 "저는 친구 따라 대학원에 왔어요" 하며 멋쩍게 고개를 떨구었다. 듣고 있던 교수님의 한마디에 강의실 안에 폭소가 터졌다.

"나이트클럽 가는 친구가 아니어서 다행이네요. 잘 오셨어요."

공부하는 이유는 제각각이었다. '저렇게도 오는구나.' 부러웠다. 가장으로 돈 벌고 일하느라 지쳐가는 나에게 친구 따라 가볍게 가는 곳이 대학원이라는 게 낯설기도 했다. 대학원생 중에는 상담소에서 일하는 사람도 있고, 상담하고 싶은 주부도 있었다. 나이도 30~40대에 많아야 50대였다. 내가 힘든 마음으로 살아서인지 조심스러웠다.

야간대학 석사는 널널할 줄 알았는데 '열공모드'였다. 주말에는 각종 자격에 필요한 공부를 하러 서울로 부산으로 다녔다. 마음이 힘들 때라 공부가 남편이고 자식이었다. 정성과 전념을 다 했다. 재미도 있었고 시간도 있었다. 신은 견뎌낼 수 있을 만큼의 고난을 주신다는데, 나에게는 해낼 수 있는 용기와 열정이 있었다. 보란 듯이 해내고 싶었다. 난 그렇게 39세에 석사가 되었다. 석사를 마치니 모른다는 것을 알게 되었다. 박사는 기왕이면 수도권에 있는 대학에서 제대로 공부해 보고 싶은 마음이 들었다.

석사 학위를 취득한 가을학기부터 학부 강의를 맡았다. '청소년 교육개론' 처음 하는 강의여서 설렘 반 열정 반으로 했다. 두 시간 강의를 위해 일주일을 준비하는데도 연애할 때보다 더 설레었다. '교수님' 소리도 듣기 좋았다. 그래서 시간강사인 걸 들키고 싶지 않았다. 외모나 나이는 교수님이니까. 연기로라도 잘하고 싶었다.

일하느라 공부가 밀리고 있을 때, 큰언니가 "박사, 그렇게 하고 싶으면 해, 언니가 학비 대 줄게. 대신 최단 시간에 끝내"라고 했다. 학위를 따니 길이 열렸다. 공부해라! 길이 열릴 것이다.

하지만 이후 생애 두 번째 수술을 해야 했다. 당시 '암'이란 단어는 나에게 '넌 곧 죽을지 몰라'와 같았다. 그전까지 나에게 있어 죽음은 자연적으로 나이가 든 사람의 일이었기에 그저 먼 이야기에 불과했다. 40대 중반에 항암치료를 하며 문득 이런 생각이 떠올랐다. '죽기 전에 하고 싶은 일이 뭘까?' 그리고 나는 스스로에게 답했다.

"박사."

그때는 이삼일에 한번 외부 특강을 다닐 때라 사람들은 내가 박사인 줄 알았다. 석사라고 설명하는 것도 귀찮았다. 상담사 중에 석사가 많아서 박사에 1급 전문상담사 자격이 있냐고 물었다. 1급 전문상담사는 어찌어찌해서 취득했던 터라 이런저런 이유를 들어가며 대학원 박사과정에 입학했다.

49세에 박사과정에 들어가니 나이로 넘버 투, 교수님들도 또래였다. 수업을 들으러 강의실에 가면 교수님인 줄 알고 인사를 했다. 멋쩍게. 그리고 박사과정 첫 학기부터 학부 강의를 맡았다. 월요일엔 대학원생, 수요일엔 교수님.

입학하여 지도교수를 배정받았다. 면담을 신청하고 연구실에 가서 지도교수님을 만나 이렇게 말했다. "저는 얼마 전에 암 수술을 두 번 했어요, 나이도 많아요." 또 머뭇거리며 "저 이혼도 해서 일을 해야 해요"라고 말하는데 울음이 터졌다. 교수님이 물끄러미 바라보시더니 "그렇게 마음이 약해서 어떻게 공부하려고?" 하셨다. 나는 마음이 급해서 물었다.

"최대한 빨리 박사학위를 받아야 하는데 어떻게 하면 될까요?"

"열심히 해야지요. 도와줄게요."

첫 대면을 마치고 교수님 연구실을 나오는데 창피했지만 창피하지 않았다.

그게 내 삶인 걸, 어쩌겠는가.

난 해내야 했다.

세상에 밀리고 싶지 않았다.

종강할 때 선후배가 같이 모여 식사도 하고 차도 마셨다. 그때 교수님들이 자신이 바라는 것을 이야기하라고 했다. 1기 선배가 넷, 동기가 일곱이 있는 자리였다. 앞에서 이런저런 이야기를 하고 내 차례가 되었을 때 나는 "1호 박사가 되고 싶다"고 했다. 순간 선배들의 싸늘한 눈초리가 꽂혔다. 교수님들과 동기들의 표정도 마찬가지였다. 선배를 제치고 먼저 학위를 받고 싶다고 하니 역적을 보는 눈초리였다. 그러나 옆자리

동기 덕분에 분위기가 바뀌었다. "저도 지도교수님의 1호 박사가 되고 싶어요!" 그 소리에 각기 교수님의 1호 박사가 되고 싶다고 하여 서로 웃으며 무사히 넘겼다.

3년 후 나는 내가 말한 대로 '1호 박사'가 되었다. 상담하랴, 강의하랴, 아픈 몸을 이끌고 다니며 밤낮없이 논문을 썼다. 삶의 우선순위를 박사 논문에 걸었다. 동기들의 술자리도 거절했다. 여행도 안 가고, 친구 모임도 안 나갔다. 나에겐 간절했다. 죽음 앞에서 한 결심이라 모든 걸 밀어낼 수 있었다. 그렇게 인생의 우선순위를 박사에 두고 살았다. 우선순위 1번만 하기에도 삶이 벅찼다.

석사는 3명, 박사는 5명의 심사위원을 설득해야 한다. 심사 때마다 박살이 났고 돌아서는 내 모습이 몹시 초라했다. 나보다 서너 살 많은 교수 앞에서 학생의 모습으로 초라하게 서 있는 것도 힘들고, 포기하지 못하는 내 욕심도 버거웠다. '박사가 되려면 박살이 나야 한다더니.' 돌아오는 차 안에서 별별 욕을 다했다가, 말도 안 되는 말로 마음을 달래며 견뎠다.

"너 잘났다! 그러니 내가 학생이고 네가 교수지, 다 알면 내가 공부하러 왔겠냐?! … 그만해라. 나도 귀한 집 자식이다…."

그렇게 어렵사리 졸업했다. 그런데 하필이면 졸업식 날 기업 강의가 잡혔다. 시간을 변경하든지 강사를 변경해 달라고 해도 불가능하다는 답이 돌아왔다. 하는 수 없이 오전 졸업식을 후다닥 마치고 강의를 했다. 그때는 먹고 사는 일이 급했다. 2시간 특강하고 식당에서 가족들과 짜장면을 먹었다. 졸업식 날 중국집은 붐볐다.

어찌 내 삶은 이리 빈틈이 없을까. 39살에 석사, 53살에 박사. 가장 기뻐할 사람은 누굴까를 생각하니, 부모님, 남편, 가족이 떠올라 서러웠다. 아버지는 내 나이 스물일곱에 돌아가셨고, 엄마는 치매로 누워계신다. 기쁜 날 슬프고 쓸쓸했다. 부모님이 계셨다면 집 앞 네거리에 "허동팔, 송명심 셋째 딸 허순향. 심리학 박사 취득!"이라고 현수막을 거시고 자랑하셨을 거다. 나는 우리 집 1호 박사다.

나는 상담사다

　나는 상담사다. 심리학 박사학위도 있다. 대기업 상담실에서 근무한다. 이쯤 되면 "대단하다. 성공했네"라는 말이 따라온다. 이 말은 내 마음을 이야기할 수 없다는 말이기도 하다. 힘든 일이 있어도 말하지 말고 자물쇠로 잠그라는 말이다.

　"상담한다는 사람이 일을 그렇게 처리하면 되느냐"는 말을 들었다. 심지어 가족은 "네가 심리학 박사니 우리를 치료해줘야 하는 거 아니냐", 다툴 때 심하게 가면 "심리학 하는 사람이 더 이상하니 네가 상담이나 치료받아야 하는 거 아니냐"는 말도 한다. 이런 말을 들으면 가슴이 무너진다. 어찌 그리 내가 힘들어하는 말을 정확히 하는지 놀라울 정도다.

　나는 상담사, 심리학 박사이기 전에 가슴 뛰는 인간이다. 인간이기에 모두가 느끼는 것을 똑같이 느낀다. 다른 게 있다면, 그 힘든 감정을 처리하는 방식이 다른 사람과 다를 뿐이다. 내 문제로 힘들 때 가슴이 무너진다. 수년을 상담하고 공부했는데 제자리걸음을 걷고 있는 느낌이다.

상담사라고 하면 매일 힘든 이야기를 듣는데 어떻게 스트레스를 해소하냐고 묻는다. 상담실에 즐거워 죽겠다고 오는 사람은 없다. 우울하고 불안하고, 힘든 사람들이 오니 그런 말을 듣는 거다.

나는 일단 그날 상담한 것을 간단하게 기록지에 적고 기록지를 덮는다. 한 주 후 내담자를 만나기 전에 지난 회기에 했던 기록지를 보고, 이번 회기에 해야 할 것을 정리한다. 상담실 문을 닫으며 그 안에서 한 이야기는 두고 오려고 한다. 정문을 나서면 되돌아보며 잘 있으라고 혼잣말로 인사하기도 한다. 그래도 생각이 나면 어찌할 수가 없다. '생각나는구나' 하고 알아차리기를 하고, 그래도 안 되면 걷는다. 몸을 힘들게 하면 생각을 멈출 수 있어서다. 이것은 매일 하는 것이다.

주말에는 초록을 보려고 한다. 심하게 말하는 이는 사람에게 독이 나온다며 자연에 가서 독을 빼자고 한다. 주말에는 생각은 적게 몸은 많이 움직이려고 한다. 아름다운 꽃이나 멋진 풍경 보는 것을 좋아한다. 호수나 바다는 더욱 좋다. 좋은 것이 많아야 나쁜 것이 희석된다. 나쁜 것 하나에 좋은 것 네 개. 4배로 좋은 것 많이 보기!

그래도 해결이 안 되면 내가 나의 상담자가 되어 묻는다. "제가 이런 일이 있어요" 하면 내가 내담자에게 했을 이야기가 되돌아온다. "그래, 우리 선생님이라면 이렇게 말씀하셨을 거야" 하며 답을 찾아본다.

계절에 한번은 동료 상담자들과 여행을 간다. 숙소를 잡고 맛난 것들을 먹다 보면 웃음이 그치질 않는다. 밤에 숙소에 이불 깔고 누워 누가 먼저 이야기할지 순서를 정한다. 한 사람이 이야기하면 나머지 둘이 공감도 하고 위로도 한다. 동료 상담이 잘될 때도 있지만 서운할 때도 있다. 그래도 상담하지 않는 친구들과 이야기할 때와는 결이 다르다. 그 누구보다도 서로에 대한 믿음과 신뢰로 만나고 있어 마음이 편안하다.

상담사에게도 상담은 필요하다. 박사학위가 있고, 상담사라도 힘들 땐 혼자 끙끙대지 말고 다른 이의 도움을 받아야 한다. 작은 상처는 혼자 치료하지만 자기가 자신을 수술할 수는 없지 않은가!

80%만 하고 사세요

내 차에 타는 사람들이 가끔 이런 말을 한다. "신발 벗고 타야 하나요?", "제가 차를 더럽히면 어떡하죠?", "매일 청소 하나 봐요." 아니다. 한 달에 한 번 정도 기름 넣을 때 세차하고, 쓰레기는 보이면 치우는 편이다. 습관이라서 신경을 쓰지 않는다. 주로 혼자 타고 다니는 차에 누군가를 태우면 듣는 이야기라 그런 말들이 귀찮아서 사람을 안 태워야 하나 속 좁은 생각도 한다. 가끔은 왠지 '너 결벽증 있지, 문제야'로 들릴 때도 있다.

일할 때는 더 신경을 쓰니 긴장도가 높다. 잘하려고 아등바등한다. 경쟁 사회에서 살아남으려는 생존 방식이다. 어린 시절 가족이 많고 형편이 넉넉하지 않아 챙기는 것이 습관이 되었는지도 모른다.

내 삶에는 우선순위가 있다. 학교 다닐 때는 공부, 박사 논문 쓸 때는 논문 쓰는 시간, 아팠을 때는 건강이 우선이었다. 나머지는 그때그때 상황에 맞추었다. 그렇게 살다 보니 성과가 났다. 그래서 강화된 것인지 무언가를 할 때 우선순위를 정하고 목표에 따라 움직인다.

수련을 받을 때였다. 어린 시절 이야기, 수술받고, 가장으로 살았던 이야기를 가만히 듣고 계시던 선생님이 한마디 하셨다.

"허 선생, 80%만 하고 살아요. 허 선생의 80%는 다른 사람의 120%라는 거 알아요. 그렇게 숨차게 100%하고 살면 급할 때 당겨쓰게 돼서 무리하게 돼요. 조금 부족하다 싶게 해. 그래야 급할 때 20%로 급전을 돌려쓰지. 너무 애쓰고 살지 말아요."

순간 울음이 터졌다. 내 상황과 마음을 알아주어 감사했고, 그렇게 살아온 날들이 억울하기도 했다. 다르게 살 수도 있었는데 무엇 때문에 아등바등하며 살았던가 하는 생각이 스쳤다. 열심히 해도 인정받지 못했던 원가족, 힘들었던 결혼생활이 휘리릭 지나갔다. 너무 열심히 살지 말았어야 했다.

무얼 하던 열심히 했다. 사람들은 나에게 믿을 만한 사람이라고 했고, 인정도 받았다. 시작할 때는 끝을 보고 뛰어드니 불도저처럼 무리가 되어도 쉬지 않고 밀어붙였다. 일을 잘해서 성과가 났지만 사람 관계는 성과로 만들어지는 게 아니었다. 끈끈하게 연결되려면 시간이 필요하다.

나이가 들어 좋은 것은 노안이 와서 더러운 것도 잘 안 보이고 예전처럼 기운이 없어 일도 많이 못 하니 자연히 겸손해진다. 소화가 안 되어 많이 못 먹으니 화도 덜 나는 것 같다.

인생의 가을에 접어드니 80%가 아니라 50%를 겨우 하고 산다. 그러나 감사가 절로 나온다. 일을 할 수 있을 만큼의 건강이 있어 고맙고, 출근할 직장이 있어 감사하다. 친구들과 놀러 다닐 수 있을 정도의 경제력이 있으니 이만하면 족하다.

가끔 건강 수명을 이야기한다. 건강하게 살 수 있는 시간이 20년은 남았을까. 20%만 할 수 있어도 좋으니 이대로 20년만 일할 수 있으면 좋겠다.

옛날 인연 닮아서 써요

"저는 친구가 없어요."

24시간 접속되어 있는데 친구가 없다는 것은 대면으로 만나는 친구가 없다는 거다. 메신저로 친구 50명에게 생일 축하 이모티콘을 받았지만, 같이 저녁 먹을 친구가 없다는 군중 속 고독의 시대다. '접속'은 되어 있는데 '접촉'이 없다.

친구와 카페에서 만나 각자 스마트폰을 보거나 식당에 마주 앉아 밥 먹으며 메신저 친구와 이야기하는 모습은 너무 자연스럽다. 모두가 스마트폰의 노예가 되어 살아간다. 한병철 교수는 "스마트폰에 의존해 사는 가축"이라고 했다. 가축이라는 말이 충격적이면서도 수긍이 되었다. 상황이 이렇다 보니 마음 나눌 친구를 갖기가 그만큼 어렵다.

더구나 나이 들수록 친구 사귈 기회가 적어진다. 만나서 놀고 몸을 부대껴야 친해지는데 그럴 기회가 거의 없다. 실직하고, 몸 아프고, 힘든 일이 겹쳐오면 사람 만나기가 두렵다. 안부를 묻는데 대답할 수도 안 할 수도 없어 난감하다. 잘 지내냐는 소리를 어물쩍 넘기면서도 마음이 편치 않아 숨어지냈다. 알아보는 사람 하나 없는 곳이 자유로웠다. 그런 힘든 시간도 지나갔다.

움츠렸던 마음을 조금 내보일 무렵 석사 때 같이 공부했던 선생님을 만났다. 선생님이 사는 지역에 일이 있어 갔다가 연락이 닿았다. 10년 세월을 훌쩍 넘겨 만나 그간의 일로 입을 뗐다. 이런저런 이야기를 하다가 선생님이 말했다. "이젠 친구 사귀기도 힘들어요. 우리 옛날 인연 닦아 씁시다. 자주 봐요." 하는데 얼마나 고마운지 돌아오는 차 안에서 웃음이 났다. 묵은 먼지 털 듯 서운했던 것 잊고 다시 만나자는 말로 들렸다.

세월이 빠른 건지 힘들 때 위로해 주며 산 세월이 10년이 된다. 그때 연락을 안 했으면 그냥 스쳤을 인연이다. 얼마나 많은 인연이 왔다가 갔던가. 다음에 만나자거나 다음에 하자고 하면 다음이 없을지도 모르니 지금 하자고 한다. 내일 무슨 일이 생겨도 놀랍지 않을 나이가 된 거다. 갑자기 이 세상을 떠나는 친구나 지인을 보며 다짐한다.

하고 싶은 일은 즉시하고,
보고 싶은 사람도 자주 보며 살아야지.

영원한 관계는 없다. 인연은 우연과 필연이 씨줄과 날줄처럼 엮어가며 만들어내는 드라마인 것이다. 우리 관계가 그렇다. 그런 줄 알면 편할 텐데 매여서 산다.

나는 귀걸이를 한다. 목에 흉터가 있어 목걸이를 하지 않고, 일하는데 번거로워서 반지를 끼는 일도 없다. 생일 선물로 받은 귀걸이 한 개를 잃어버린 적이 있다. 분명히 아까까지는 있었는데 보이지 않았다. 한참을 찾고 있는데 친구가 한마디 했다.

"인연이 다했나 보지."

그 말을 듣고 멈췄다. 인연에도 유효기간이 있나? 인연이란 오가는 것이라 헤어져야 만나고 만나면 헤어져야 하는 거다.

'내가 태어날 때 나만 울고 다른 사람은 웃고, 내가 죽을 때 나만 웃고 다른 사람은 운다.'

내 삶의 마지막까지 곁에 있는 가족, 직장의 동료, 친구. 다 듬고 가꾸고 감사하며 살아야 하지 않을까? 이제 헤어지면 다시 만날 기회는 영영 없을지도.

보험이 효자

인천 형님은 아주버님이 아프면 보험증서를 꺼내 본다. 미술 선생님인 아주버님은 그런 형님을 보면 몸이 아픈 것보다 그 모습에 더 화나고 서운하다고 했다. 아픈데 보험금 탈 생각이나 하냐며 편을 들어주라는 표정을 지었다. 그땐 웃어넘겼다. 형님은 아이 둘에 빠듯한 살림이니 목돈 들어갈 걱정에서 한 행동일 거다. 그런데 두 사람은 아웅다웅한다. 상대의 마음을 알아도 아플 땐 서운한 마음이 더 들 수 있다.

나는 보험을 싫어했다. 보험 들 돈으로 맛난 것 사 먹자는 생각과 아주버님과 같은 찜찜한 마음에서였다. 아들이 초등학교에 입학할 즈음 아들 친구 엄마가 보험 일을 시작했다며 작은 것 하나만 들어 달라고 사정했다. 거절하기 어려워서 최소 금액으로 가입했다. 응원하는 마음도 있었지만 못 이기는 척

들었다가 몇 달 후에 해지하려는 생각이었다. 그 후로 동생 남편이 보험을 한다고 할 때도 애써 외면했고 딱히 부탁하지 않아서 모르는 척 넘기며 살았다.

삶이 힘들어지면 드는 것이 보험일까. 남편 사업이 기울면서 보험에 눈이 갔다. 어려울 때를 대비하는 게 보험이라며 꺼리던 마음을 달랬다. 운전자보험, 암보험, 종신보험, 실손보험을 들었다. 여러 보험에 가입하며 생존 본능이 강하다는 걸 그때 알았다. 본능적이었다.

내가 암에 걸렸다는 걸 동생에게 들은 제부가 "처형 로또에 당첨되셨어요" 했다. 암이 로또라니 기가 막혔다. 암보험이 있어서 대략 몇천만 원 정도는 탈 수 있다고 했다. 제부 말이 괘씸했지만, 아플 때 돈 없으면 서러운데 보험금을 준다니 반가웠다. 병실도 편하게 쓰고, 먹고 싶은 것도 돈 걱정 없이 먹을 수 있다고 생각하니 병이 낫는 기분이었다.

내 친구는 위암 수술을 해서 보험금을 탔는데 절반쯤 뚝 떼어서 언제 할 수 있겠냐며 교회에 십일조로 헌금했다. 아플 때 나누어 써야 하는데 그런 마음을 내다니 놀라웠다. 쪼잔한 나는 못 하는 일이다.

이번에도 보험금이 나를 살렸다. 보험금이 없었다면 친정 식구에게 부담을 지웠을 테고, 미리 보험이라도 들어 놓지 못한 걸 후회하면서 사리를 만들지 않았을까. 이럴 때는 옆에서 말로만 걱정하는 자식보다 보험이 효자다.

형님이 인복도 남편복도 자식 복도 없다고 말한 적이 있는데, 아는 지인이 "돈이 있으면 살 수 있지요. 돈복은 있잖아요"라는 말에 웃음이 나왔다고 했다. 형님에게는 딸이 하나 있고, 월세 받는 빌딩이 있었다. 형님이나 나나 자식에게 자기 앞가림하고 살라는 것뿐, 바라는 게 없다는 말이 요즘 효자를 말해 준다.

우리 도와주는 건 됐고 너희나 잘 살아!

부자와 가난한 사람들의
공통점이 뭔지 아나?

"부자와 가난한 사람들의 공통점이 뭔지 아나? 둘 다 인생이 재미없다는 거야."

드라마 〈오징어 게임〉의 대사를 들으며 아부지가 떠올랐다. 아부지는 확인된 바는 없으나 이북에서 결혼하여 '순'자 돌림의 자녀들이 있고, 월남하여 엄마를 만나 가정을 꾸렸다. 부자였던 아부지는 고향에 두고 온 할머니와 재산을 그리워했다. 그 그리움만큼 술잔이 채워지고 비워졌다. 고향 이야기를 하진 않았지만 이북 5도민이 모이는 행사에 가시면 곤드레만드레 취해서서 "내가 누구인 줄 알아! 통일만 되면 너희는 다 죽었어!"라고 했다.

185센티 키에 건장한 체격과 어딜 가도 빠지지 않는 멋진

외모만큼, 문자깨나 쓰는 유식함과 유머 감각도 있었다. 부잣집 아들로 자라서인지 아부지가 열심히 일하시는 모습보다 술 마시고 비틀거렸던 모습이 지금도 선하다. 주유소를 할 때도 술을 많이 마셔서 간이 상해 병원에 입원한 탓에 운영을 할 수 없었다.

배움이 짧았던 어머니는 자신이 그 일을 하지 못하고 놓게 되어 가난을 달고 사는 것을 한스러워하셨다. 그런 어머니의 배움에 대한 열의로 딸 넷은 대학원을 나왔고, 아들은 고등학교를 마쳤다. 엄마가 아들을 더 가르쳤으면 하고 소망하여 남동생은 작은언니가 있는 미국으로 공부하러 갔다. 동생 학비는 누나들이 십시일반으로 걷어 보탰다. 그러나 남동생은 연애하고 아르바이트만 하다가 학위 없이 돌아왔다. 어쩌겠는가, 공부가 길이 아닌 걸 우긴다고 될 일이 아니었다.

어린 시절 우리 집은 가난했다. 주유소 옆의 슬레이트 지붕의 집으로 수도도 우물도 없었다. 중학교 무렵까지는 아랫집에서 물을 길어오거나 긴 호스를 연결하여 물을 받아두고 썼다. 힘들었고 부끄러웠다. 그래서 물도 전기도 아껴야 했다. 엄마는 초저녁에 잠이 들어 새벽 4시에 일어나셨다. 엄마와 앉아서 놀았던 기억이 없다. 엄마는 늘 바빴다.

돈이 없어 가난한 것과 마음이 가난한 것 중 어느 것이 더 힘들까, 어느 것이 더 재미없을까. 나는 당연히 '마음'이다. 돈이 풍족하지 않아도 서로 위하는 마음을 가지고 살면 얼마나 좋을까. 부자로 어린 시절을 보낸 아부지도 인생이 재밌지 않으셨던 걸까. 그래서 술잔을 위안 삼아 사셨을까. 가난한 어린 시절을 보낸 나도 인생이 재미없다가 가끔은 재밌다.

끼리끼리 과학

순신은 30대 초반에 이혼했고, 미정 언니는 30대 중반에 사별했다. 우리는 '혼자'라는 공통점이 있다. 그런 공통점이 같아서 좋지만 같아서 싫다. 그들을 보면 보고 싶지 않은 내 모습이 보여서다.

남편 폭력을 피해 집 나온 순신을 만난 건 25년 전이다. 순신의 아픔을 알게 된 건 마음을 트기 시작하면서부터다. 착한 순신은 다른 사람 말을 잘 믿어 속고 마는 순둥이다. 국문과를 졸업하고 국어 교사를 하다가 한의사와 결혼하며 학교를 그만두었다. 이혼 후에는 전공을 살려 작은 도서관을 인수하여 글쓰기를 지도했고, 책 좋아하던 내 아들이 순신의 도서관에 드나들었다. 순신과 학부모로 만나 차 한잔하는 사이였다가 자연스럽게 친구가 되었다. 서로 바쁘게 지내느라 전화 한 통

없이 지내다가 연락이 왔다.

"허 선생, 엄마가 동치미 담그셨는데 지금 통 가지고 올 수 있어?"

"허 선생, 떡국 먹었어? 우리 집에 올래? 같이 먹자."

소식도 솜씨 좋은 음식도 반가워 한달음에 달려가 묵혔던 이야기를 토해낸다. 순신과 이야기하다 보면 나만 그런 게 아니구나 하는 생각이 들어 "맞아, 맞아" 하게 된다. 순신은 위암 수술을 해서 몸이 아프다. 그런데도 일을 쉰 적이 없다.

"아파도 어떻게 해. 애들하고 살려면 일을 해야지. 이번 학기만 할 거야."

기간제 교사로 한해, 한해 잘 넘기며 사는 모습이 신기할 정도였다. 남매를 대학까지 가르치고 아들, 딸 취업시키는 걸 보고 있노라면 대견하다. 그런 순신은 작년에 몸이 아파 일을 그만두었다. 순신이 어떻게 살지 막막해하니 직장 생활하는 딸이 돈이 부족하면 아르바이트할 테니 걱정하지 말라는 말에 감격했다며 울먹였다.

미정 언니는 사별했다. 긍정적이고 열심히 사는 미정 언니는 새벽부터 늦은 밤까지 일한다. 육 남매 막내로 장남과 결혼하여 시댁 제사에 친정 일까지 해내며 하루를 쪼개어 사는 모습을 옆에서 보면 숨이 찰 정도다. 하루 24시간을 어찌 저리 알뜰하게 쓰는지, 힘들단 불평 한번 없어 존경스러울 정도다. 언니는 자투리 시간이 나면 내게 전화한다.

"허 선생, 민주 데리고 우리 집에 올래, 명절 음식 같이 먹자. 올 거지?"

"허 선생 이렇게 얼굴 보니 얼마나 좋으냐. 가끔 밥 먹고 차도 마시자."

남편이 갑자기 세상을 떠나며 가장이 된 언니는 3살 된 아들 하나를 키우며 살았다. 그 아들이 돈을 벌어 처음 생활비를 받던 날 언니는 너무 감격스러웠다고 했다. "남편에게 받아보지 못한 월급을 아들에게 받아" 하며 눈시울을 붉혔다. 30년 가장으로 살았는데 아들 덕 보며 살 수 있을지 모른다며 울먹였다. 그 모진 세월을 누가 알까.

그런 미정 언니와 순신을 만나기 싫을 때가 있다. 두 사람을 보면 내 모습이 선명해져 괴로웠다. 남편 없이 가장으로 혼자 사는 여자. 미정 언니가 만난 지 8년 만에 남편 이야기를 했으니 얼마나 삶이 무거웠을까 싶다. 자신도 받아들이기 어려웠고 불평할 수도 없었다. 나도 이혼한 걸 누가 알아봐 사람을 만나지 않았고 자살까지 하려 했고, 객지를 떠돌았다. 그러니 누군가에게 알리고 싶지 않은 마음을 안다. 이야기를 나누면 공감이 되어 좋다가도 피하고 싶은 마음이 드는 건, 이런 내 마음을 들키고 싶지 않아서다.

"젊은데 왜 재혼 안 하냐고 하잖아. 우리가 바빠서 연애할 시간이 어딨어. 가슴에 남편 없다고 써 붙이고 다니는 것도 아니고. 나이 든 여자한테 결혼했냐고 물어보겠어? 나이 들고 애가 있으면 그러려니 하겠지. 이혼했냐고 물어볼 거야?"

"언니와 동생이 혼자 사니까 얼마나 편하고 좋냐고 하더라. 언니와 동생은 모를 거야, 우리가 얼마나 힘들고 외로운지. 모르니까 하는 소린 줄 아는데 가끔 서운하더라고. 혼자서 다 하는데 '자기들은 남편이 벌어다 주는 돈으로 살면서 저런 소리 하나' 하는 생각이 들면 섭섭하더라"

"자식 키우느라고 모아 둔 돈 없지, 나이는 먹을 대로 먹었지, 몸은 병들었지. 누가 우리랑 살려고 하겠어. 돈 얹어줘도 안 데려가지."

명절에 만나자고 불러주는 건 남편 없는 친구이고, 주말에 놀 수 있는 것도 혼자 사는 언니니까 끼리끼리 놀 수밖에 없는 거 아닐까. 서로 아파서 편하고 말하지 않아도 이해가 가니 말이다.

드라마 〈나의 해방일지〉에서 창희의 "끼리끼리는 과학이라는데"라는 대사에 두 사람이 떠올랐다. 만나기 싫은데도 만나면 편하고 좋은 사람 말이다.

"언니, 주말에 병천장에 가자. 돌아오는 길에 보리밥 한 그릇 먹고."

미정 언니와 길가의 진달래꽃 보며 깔깔깔 웃으면 세상 부러울 것이 없다. 언니가 말한다.

"뭐 하러 이 나이에 재혼해서 신랑 밥해주며 고생해. 우리끼리 맛있는 것 먹고 놀러 다니며 살자!"

참, 봄 벚꽃보다 화사한 언니들이다.

10cm

"안녕하세요."

"어서 오세요."

    내가 타는 버스의 기사님은 서너 분이 교대로 온다. 기사님
에 따라 버스의 품질도 다르다. 아침 인사를 하며 기사님 얼굴
을 보면 오늘 차가 어떤 차인지 대략 짐작이 간다. 의자에 손
잡이가 두 개 달려있으면 마음이 여유롭다. 한 개의 레버는 의
자를 뒤로 넘기는 것이고 하나는 옆으로 밀면 10cm가 벌어진
다. 무창포 바닷길이 열리듯이 옆 사람과 적당한 거리가 생겨
좋다. 마지막 사람이 타면 열었다가 내리기 전에 다시 제자리
로 돌려놓는 10cm의 여유를 나만 좋아하는 줄 알았다. 하루는
뒤에 탄 두 사람의 대화를 듣게 되었다.

"겨울에 두꺼운 옷을 입고 둘이 앉으면 좁지?"

"그렇지."

"10cm 옆으로 갈 수 있는 차만 와도 조금 숨통이 트이지 않아?"

"맞아."

사람 사이에도 거리가 필요하다. 그 작은 10cm의 여유가 우리 삶에도 필요하다. 가족도 가끔 만나야 반갑다. 이웃을 사랑하기가 얼마나 어려우면 예수님이 말씀하셨을까.

강의할 때 거리에 관한 질문을 던진 적이 있다. "관계가 좋아지려면 두 가지로 엮이면 안 됩니다. 어떤 관계일까요?" 그러면 이런 답들이 나온다. 돈, 여자, 동업, 애인. 하지만 나는 직장과 가족이라고 한다. "에~"하는 반응이 주로 나오지만, 이렇게 생각해 보면 어떨까?

직장은 힘들면 그만두면 된다. 직장만 아니면 딱히 밖에서 볼 일도 없는 사람들이다. 가족 중에는 배우자와 자식이 있다. 부부는 서로 싫으면 헤어지고 바꿀 수도 있지만 자식은 다르다. 자식은 죽어도 바꿀 수 없어 어렵다. 이런 이야기를 하면 격한 공감 반응과 함께 웃음이 나오기도 하고, 곳곳에서 한숨이 터지기도 한다. 언젠가 퇴직을 앞둔 경찰관이 한 말이 기억난다.

"자식이 제 등에 빨대를 꽂고 있어요. 제 등골을 쪽쪽 빼먹으며 살아서 미치겠습니다!"

거리두기를 해야 하고, 하고 싶은데 안 되는 것이 자식이다. 자식은 아무리 잘해주어도 부모를 원망한다. 고마워하는 자식은 아무것도 못 해준 자식이다. 부모는 어떤가. 자식에게 모든 것을 다 내어주고도 더 못 주어 미안해한다. 태고 이래 이런 일은 무한 반복이다.

자식과 5cm라도 거리두기를 해보련다. 내가 못한 것을 자식이 해야 하더라도 조금이라도 늘려 놓으련다. 거리두기가 안 될 때마다 다짐한다. 다른 사람에게 입바른 소리를 하면서 자신이 지키지 않으면 되겠냐고!

유성시장에서

　시장보다 마트가 편하다. 필요한 걸 한 곳에서 살 수 있어 자주 찾게 된다. 그래도 시장에 꼭 가야 할 때가 있다. 시장을 둘러보면 마트와는 다른 정겨운 풍경이 있다. 한 걸음 걷다가 뻥튀기 아저씨를 만나면 어린 시절로 돌아가 있다.

　나는 나물 파는 할머니가 있으면 지나치지를 못한다. 물건을 살 때도 가격을 깎거나 더 달라고 하지 않는다. 정이라며 더 주시면 감사하다고 받아 오지만 괜찮다고 손사래를 치고 싶은 마음이다. 그분들을 보고 있노라면 마음이 짠하다. 왜 나물 파는 사람은 모두 여인네일까. 남편은 무엇을 할까 하는 마음과 친정엄마의 모습이 겹쳐서. 지금은 아등바등 사는 내 모습이기도 하다. 골목 안쪽에 조용히 앉아 나물을 팔고 계신 분에게는 쫓아가서 산다. 그래서 검은 봉지에 같은 나물이 두서

너 개일 때가 있다.

"홑나물 하나 주세요" 하면 "해 먹을 줄 알고?" 하고 되물으신다. 그러면서 살림 안 하게 생겼다며 된장 넣고 조물조물해야 맛있다는 꿀팁까지 알려주신다. "저는 소금만 넣고 무쳤는데 그렇게 하면 맛있겠네요" 하고 돌아서는데 웃음이 났다. 엄마의 잔소리 마냥 듣기 좋아서다. 이것저것 들어서 손이 아파도 양손 가득 나물과 옛것들을 사면 마음이 즐겁다.

"들기름을 공복에 먹으면 암 예방에 좋대. 부모님이 농사지은 들깨를 택배로 보냈으니 기름 짜서 먹어."

들깨를 보내준 친구에게 전화가 왔다. 들깨는 기름을 짜거나 아니면 냉장고에 보관해야 한다고 했다. 기름을 마트에서 사 먹어서 기름집에 가본 적이 없다. 검색해보니 내가 있는 지역의 유성시장에 기름집이 있었다. 택배 상자를 차에 싣고 시장에 갔다. 기름집 앞에는 아주머니들이 들깨를 내어놓고 순서대로 앉아 있었다. 일하고 온 차림으로 쭈뼛거리니 한 분이 "여기 앉아요" 하셨다. 전기장판이 깔려있어 따숩다고 들어오란다.

나는 들어서자마자 얼마나 걸리냐며 버릇대로 재촉했다.

그런 나에게 한 분이 빙긋 웃으며 30분 이상 걸린다고 했다. "아직 기름 짜러 다닐 나이는 아니구먼!" 친정엄마 또래의 할머니들 사이에서 나온 말에 웃음이 터졌다. 기름 짜러 다닐 나이라.

기름집 주인은 들깨양이 적다고 아쉬워했다. 이걸 짜나 다섯 되를 더 사서 짜나 공임은 같으니 더 사 오라고 했다. 건너편 가게에 가서 들깨를 사서 건네니 소주병 열병 남짓의 들기름이 나왔다. 친구에게 덕분에 좋은 기름을 먹게 생겼다며 고마운 마음을 전하려 전화를 했다. 그리고 유성시장에 다녀온 이야기를 하는데 반응이 싸했다.

"몸이 아프다고 하여 좋은 깨를 보냈더니 나쁜 깨랑 섞어 짜면 어쩌냐!"

'아차 그랬지.'

모르는 것을 누가 알려주니 날름 사고를 친 거다. "반은 좋은 거니까 몸에 좋을 거야, 고마워" 하고 전화를 끊으니 아직 기름 짜러 다닐 나이가 아닌 건 분명했다. 고마운 사람들에게 기름으로 인심을 썼다. 동생도 한 병, 친구도 한 병 나누어 먹으니 풍성했다.

엄마의 니꾸사꾸

울 엄마 명심 씨는 예뻤다. 여동생이 엄마를 가장 많이 닮아 예쁘단 소리를 듣는다. 엄마의 옛날 사진을 보면 동생 사진과 착각할 정도다.

엄마는 나이 드니 염색을 하면 눈이 시리다고 했다. 화장품이 눈에 들어가니 따갑다고 하며, 언젠가부터 화장도 염색도 안 했다. 내가 화장을 하고 있으면 "나도 젊었을 때 하루에 대여섯 번 화장을 고쳤는데" 하며 말을 흐리셨다. 그땐 '엄마도 젊은 시절이?' 하며 의아했다. 엄마는 그냥 엄마니까. 내가 젊으니 나는 안 늙을 줄 알았던 거다. 엄마가 다리에 로션을 바르며 당긴다고 할 때도 왜 당길까 갸우뚱했다. 어느새 내가 엄마 나이가 되어보니 그게 무슨 뜻인지 어렴풋하게 알겠다.

엄마는 이젠 손에 뭐를 못 들고 다니겠고, 다리도 아프다며 어느 날부터 배낭을 메고 다녔다. 서울 언니네에 갈 때는 "내 니꾸사꾸 어딨니?" 하며 찾았다. 무엇을 찾나 했는데 엄마의 배낭이 '니꾸사꾸'였다. 일제강점기에 배운 일본어라고 하는데 니꾸사꾸라고 하면 엄마 냄새가 난다. 엄마가 빨간 점퍼에 까만 니꾸사꾸를 메고 멀리서 걸어올 것만 같다.

나는 자동차를 타고 다녀서 내 손에는 핸드백이 들려 있었다. 배낭은 등산갈 때나 학생들이 들고 다니는 책가방이라고 생각했다. 정확히 언제부터인지 모르겠으나 내 등에도 백팩이 메여 있다. 백팩을 메니 걸을 때 손이 자유로워 편리했다. 백팩의 마법을 이제 알게 된 거다. 그 나이가 되어봐야 안다. 가뿐한 걸 이제야 알다니…. 멋도 좋지만 내 다리를 아껴야 한다. 퇴행성 관절염으로 무릎이 아프면 덜컥 겁이 난다. 걷지 못하면 인생이 꽝인 거다.

주변에 예순을 맞이하는 사람들이 늘어간다. 전에는 나와 거리가 먼 일이었는데 이제 곧 나에게도 다가온다는 느낌이어서 남의 일이 아니다. 내 버킷리스트 상위에 '미국 언니네에 가기'가 있었다. 11시간 이상 비행기를 타야 하는 미국을 하루 이틀 휴가로 다녀올 수 없어 미루고 미루었다. 일하는 사람에게 보름 휴가를 낸다는 것은 큰 결단을 내려야 할 수 있는 일이었다.

어느 날 오디오북으로 소설을 듣다가 울컥한 적이 있다. 미국에 있는 언니 집 방문을 미루다가 언니 장례식에 다녀왔다는 대목이었다. 그 글귀가 귀에 박혔다. 이렇게 미루다가 내가 그런 후회를 할 것만 같았다.

미국에 사는 작은언니는 올해 예순이다. 무슨 환갑이냐고 손사래를 치는 언니를 보러 미국에 가자고 동생을 부추겨 이번 추석 연휴에 미국에 다녀왔다.

준비하던 당시 비자를 내러 갔더니 미국대사가 내게 왜 지금 미국에 가려고 하냐고 물었다. 나이가 많아 무릎이 아파서 더 나이 들면 못 갈 것 같아서라고 대답하자 즐겁게 다녀오라는 대답이 돌아왔다. 돌아서는데 내 대답에 빙긋 웃던 대사의 얼굴이 떠올라 나도 웃음이 났다.

직장에 8일 휴가를 가겠다고 했더니 연휴라 대신 근무할 사람을 구하기가 어렵다고 했다. 그러면 회사를 그만두고라도 가겠다고 했더니 며칠 뒤 사람을 구했다며 편히 다녀오라는 말이 돌아왔다.

나이도 들고, 건강이 예전 같지 않으니 결정이 단순해진다. 세상에 중요한 것이 그다지 많지 않다.

두 손이 자유로우니 이제 내게 중요한 것을 잡고 싶다. 등에는 가볍고 작고 필요한 것들만 심플하게 챙겨서 가뿐하게 다녀오련다. 오늘도 백팩을 메고 하루하루를 여행하듯 살아보련다.

고수님 과목 때문에 졸업을 못 해요

대학원을 졸업하고 학부에 출강할 기회가 생겼다. '성인학습 및 상담' 강의 제안을 수락한 것이다. 어디서 그런 용기가 생긴 건지 기회가 오면 대답 먼저 하고 본다. 아무것도 가지지 않아서인지 오는 기회를 잡아야만 했다. '처음은 언제 해도 처음이고 처음이 있어야 두 번 세 번이 있는 거야'가 평소 마음이기도 했다. 초보는 언제 해도 초보이니 기회가 있을 때 초보를 떼어야 한다고 생각했다. 힘든 일을 해야 할 때면 '돈도 받으면서 배울 기회잖아'라고 마음을 달랬다. 그렇게 버티고 보면 편하고 좋은 일도 따라왔다.

학원 원장도 하고 사범대학도 나와서 사람들 앞에서 이야기하는 것은 어렵지 않다. 하지만 대학생을 가르치는 일은 처음이어서 설레었다. 다행히도 성인들이라 대화가 통하여 재미

있었다. 그때는 2시간짜리 강의를 준비하는 한 주 내내 즐거웠다. 가르치려면 확실하게 알아야 했고, 아는 것을 나누는 재미는 그야말로 쏠쏠했다. 강의 평가도 좋아서 10여 년 강의 평가 중 제일 높은 점수였다. 노력은 정직하다.

학생 50명의 이름을 외우며 열정을 태웠다. 초보티를 내며 강의했지만 열심이었다. 그런데 개강하고 몇 주간 한 여학생이 보이지 않았다. 친구들에게 전화해 보라고 하고 학과에 연락해도 연결이 안 된다고 했다. 수업 3분의 1선을 넘어도 출석하지 않으면 학점을 부과할 수 없다. 어쩔 수 없이 학기 말에 F 학점을 주었다.

성적 이의 신청 기간에 학생들에게 연락이 온다. 과제를 메일로 보냈는데 잘못 보냈거나 예비군 훈련에 가며 증빙을 안 해서 출결로 점수가 누락 되는 걸 확인하기도 한다. 어느 날 저장하지 않은 번호로 전화가 왔다. 그 여학생이었다. 여학생은 전화를 받자마자 말했다.

"교수님 과목 때문에 졸업을 못하게 됐어요. 저 성적 좀 올려주세요."

원망하는 말이 마음에 걸렸지만 무엇 때문에 그러냐고 물었다. 4학년 2학기여서 취업했는데 직장 생활하느라 출석을 못 했고 전화 연락도 못 받았다고 했다. 성적표를 받아보니 F학점으로 졸업 학점을 못 채워 회사를 못 다니게 되었다며 울먹였다.

미안한 마음이 들면서도 살짝 화가 났다. 그렇게 중요한 일을 이렇게 처리할 수밖에 없었을까 하는 마음이 들었다. 여러 번 연락했는데 답이 없어서 일이 이렇게 되었고 나도 안타깝다고 잘라 말했다. 미리 연락했더라면 과제로 대체해 줄 수도 있었는데 지금은 구제할 방법이 없다고 설명했다. 교수가 잘못한 것이 있으면 증빙해야 하는데 그럴 만한 사항이 아니니 어쩌겠냐고 했다. "제가 챙겼어야 했는데 이런 전화를 드려 죄송합니다"하고 전화를 끊는데 가슴이 아렸다. 이 험한 세상을 어떻게 살지 걱정이 되었다.

다른 교수님께 사정을 말씀드렸더니 상담한다는 사람이 그렇게 인정이 없냐, 구제해 주지 그랬냐고 했다. 나는 상담하는 사람이라서 그렇게 했다고 말했다. 자신이 선택한 것에 책임을 질 줄 알아야지 학교를 나가면 사회에서는 봐주지 않는다고 목소리를 높였다. 어떻게 하는 게 학생을 위한 건지 모른다. 그 학생에게 도움이 되었는지 평생 원망할지 알 수 없지만 당시 내 마음만은 진심이었다.

후회는 시간이 지나야 한다. 후회는 그때는 몰랐던 걸 지금은 알게 되어 깨달은 것이 있어야 하는 거다. 그때 내가 할 수 있는 최선의 결정을 했다. 다시 돌아간다 해도 같은 결정을 했을 거다. 나는 나를 믿고 순간순간 내 역량으로 할 수 있는 최선의 결정을 했을 테니까. 그땐 나도 서툰 초보였지 않은가. 그날의 나를 내가 이해해본다. 마지막까지 나를 데려갈 사람은 나니까. 학기 말이 되어 성적을 줄 때 한 번 더 생각하게 된다. 학생의 성적증명서에 평생 기록될 점수니까.

힘들었겠네

8년간 하던 강의를 내려놓았다. 아니, 내려놓게 되었다. 내려놓을 수밖에 없었다.

"힘들었겠네, 좋아하던 일이었는데."

내 마음이 딱 그랬다. 그래서 그 말이 듣고 싶었다. 그렇게 결정하고 나니 온몸에 맥이 풀렸다. 소파에 널브러져 있으니 무슨 일이냐고 물었다.

"오늘 강의를 안 하겠다고 하고 왔어. 8년간 했던, 좋아하던 일인데…."

"잘됐네, 힘들어했잖아. 근데 표정이 왜 그래?"

이해가 안 간다는 듯한 표정이었다. 이해받지 못한 마음에 친구에게 전화를 걸었다. 강의를 좋아하는 내 사정을 잘 아는 친구다. "나 강의 오늘로 끝냈어"라는 말이 떨어지기 무섭게 자신은 10년 된 강의도 끝냈다며 뭘 그러냐고 했다. 이런 말을 듣고 나면 고구마 백 개 먹은 기분이다.

　다시 태어나면 하고 싶은 것이 두 가지 있는데, 그중 하나가 바로 남자로 태어나고 싶다. 태어나던 날 "거참 고추를 달고 나왔으면 좋았을 걸 또 계집애네" 했다는 어른들의 혀 차는 소리가 한몫했다. 아버지와 겸상하는 남동생이 부러웠다. 밥상의 조기도 탐났다. 아들이었으면 내 자린데 말이다. 아들이었으면 두말하지 않고 순순히 대학도 보내줬을 거다. 나는 계집애가 무슨 공부냐고 빗자루로 세게 맞았다. 딱 거기까지만 부러웠다.

　가계도를 그리며 네 명의 누나 밑에서 힘들었을 남동생의 위치를 보았다. 그때 억울함이 스르르 가라앉았다. 빗자루질이 없었으며 박사 공부는 안 했을지 모른다. 아쉬운 것은 아들로 태어나 일찍 박사학위를 받았더라면 강사가 아닌 교수가 되었을 것을 하는 거다. 강의는 가르치며 배우는 소소한 즐거움이 있다. 지금 시대는 딸도 못 할 것 없고, 교수라는 직업이 사라질 위기라고 한다. 빌어먹을 그 시점에 내가 태어난 거다.

20년 지기 친구에게 전화가 왔다. 잘 지내냐고 하여 기대 안 하고 포기하듯 이야기했다.

"많이 힘들었겠네. 좋아하던 일이었는데."
"어떻게 알았어? 내 마음이 딱 그래."

반갑고, 고마웠다. 상담을 전공한 친구는 역시였다. 가슴에 얹혀 있던 고구마가 쑥 내려간 기분이었다. 한 사람만 알아주어도 이리 좋은 걸 마음이 안다. "좋아하던 애인과 헤어진 기분이야." 헤어진 연인을 다시 만날 수 없듯, 한번 내려놓은 강사 자리를 다시 찾기는 아마 어려울 거다.

강의하고 싶은 후배들이 줄을 지어 기다리고 있다. 선배가 내려놓아야 후배에게 기회가 간다. 잘했다. 이만하면 되었다고 다독이지만 옛사랑은 다시 만날 수 없다. 잊힐 뿐이다.

내 마음을 두고 걷는다. 그 마음에서 달아나려면 걷는 게 수다. 그렇게라도 하지 않으면 잊을 수가 없다. 좋아했던 만큼 보내기가 어려운 거다.

점심 먹고 걷고, 저녁에도 나가서 어슬렁거려 본다.

걷고, 걷고, 걷는다.

미국 페이지에서
내 생의 한 페이지를 넘기다.

2023년은 버킷리스트(죽기 전에 하고 싶은 일) 두 가지가 완성되어간다. 하나는 미국 서부 여행과 언니 집이 있는 새크라멘토에서의 일주일이고, 또 다른 하나는 첫 에세이《상담해 드립니다》출간이다.

여행지의 바람을 머리카락이 기억한다.

LA 공항에 내리니 25년 만에 그렇게 오고 싶던 "미국에 왔구나, 이제 죽어도 여한이 없다"는 생각이 떠올랐다. 자이언 캐니언 앞에서는 눈물이 툭 떨어졌다. 장엄한 광경 앞에 선 나는 한없이 작았다.

가장 인상적이었던 여행지는 샌프란시스코의 트윈 픽스다. 언덕에서 내려다보니 바다와 도시가 어우러져 아름답고 낭만

적이다. 그곳 풍경을 떠올리면 산들바람 사이로 공중화장실의 불쾌한 냄새가 따라온다. 딱 내 인생 같다. 화려하지만 힘겨웠던 내 삶 말이다. 내 이야기를 듣던 친구가 한 말이다.

"인생이 찬란한 사람은 빛나는 그만큼의 어둠이 있었던 거야."

페이지는 노을을 바라보며 따뜻한 차 한잔을 마주하고 생을 마감해도 좋겠다는 마음이 들 정도로 좋았다. 죽음을 생각해야 삶이 맛있다고 하지만 좋은 순간 죽음이 떠오르는 건 당황스러운 일이다. 미국 여행 중 언니의 지인을 만났는데 가볍게 노래하듯 말했다. "저는 영원히 살고 싶어요." 그 말은 충격 그 자체였다. 좋고 기쁜 날 죽음을 생각하는 나와 영원히 살고 싶다는 그녀는 무엇이 다를까? 나도 그녀처럼 살 수 있을까?

세상에는 두 종류의 사람이 있다고 한다. 책을 쓴 사람과 쓰지 않은 사람. 나는 한 종에서 다른 종으로 건너가고 있는 사람이다. 내 마음은 이것저것 쑤셔 넣은 서랍 안이나, 빨지 않고 대충 개켜 넣은 옷장 속 같았다. 이 책을 쓰면서 내 삶을 꺼내어 차곡차곡 정리하여 가지런하게 넣어 놓은 느낌이다.

상담사를 만나지 않았더라면 나는 이 세상 사람이 아니었을 거고, 상담을 하지 않았더라면 나는 욕심꾸러기 아줌마, 불만투성이로 살았을 것이다. 이 글을 쓰며 내가 만났던 이들이 지금은 어떻게 살고 있을지 궁금해졌다. 그들이 내 삶을 얼마나 달고 풍부하게 했는지 헤아릴 수가 없다. 참으로 감사한 인연이다.

은행 계좌의 잔고를 세듯 내 남은 날을 헤아려 본다. 건강하게 살 수 있는 시간은 20년 남짓이라는 계산이 나온다. 여행을 더 다니고, 운동을 더 하는 등 안 했던 것을 해보고 싶다는 생각이 들었다.

다 털어내고 깃털처럼 살다가 바람처럼 갈까, 내 삶과 연애하듯 달콤하게 살다 갈까. 앞으로의 내 삶이 궁금해진다.

남은 후반은 내 삶과 연애하며 깃털처럼 가볍게 살고 싶다.

상담해 드립니다

초판 1쇄 발행 2023년 12월 22일

지은이   허순향
발행인   곽철식
펴낸곳   ㈜다온북스

마케팅   박미애
편 집   김나연
디자인   박영정
인쇄와 제본   영신사

출판등록   2011년 8월 18일 제311-2011-44호
주소   서울시 마포구 토정로 222, 한국출판콘텐츠센터 313호
전화   02-332-4972   팩스   02-332-4872
전자우편   daonb@naver.com

ISBN 979-11-93035-23-8 03180